Ulrike Aufderheide

Schöne Wege im Naturgarten

Gedruckt auf
100% Recyclingpapier

Ulrike Aufderheide

Schöne Wege im Naturgarten

Wege, Plätze und Einfahrten als Lebensräume

Planen • Bauen • Gestalten

illustriert von Margret Schneevoigt

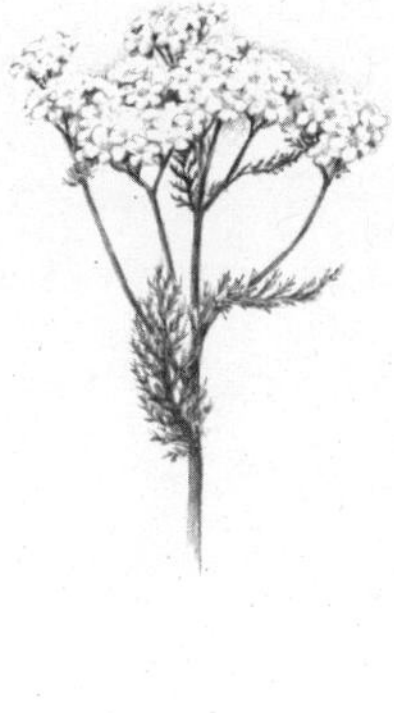

pala verlag

Inhalt

Lebendige Wege und Plätze für Mensch und Natur

»NaturErlebnisGärten« feiern das Leben. Sie zeichnen sich – noch mehr als andere Gärten – durch die Pflanzen und insbesondere die Tiere aus, die ihre Nutzer dort ansiedeln, erleben und genießen können. Lebendigkeit genießen, nicht nur die eigene, sondern auch die der Lebewesen, die sie umgeben – darum geht es.

Aber warum dann ein Buch über Wege? Haben denn Wege etwas mit Leben und Lebendigkeit zu tun? Sind sie nicht schrecklich unbelebt? Wir könnten ja die Wegeflächen einfach ausblenden und uns im Garten nur um die Pflanzflächen kümmern, d.h. die vorhandenen Wege nicht verändern oder bei einer Neuanlage die Wege und Plätze vom Architekten mitplanen lassen. Sie wären dann einfach Bereiche, die zum Haus und nicht zum Garten gehören.

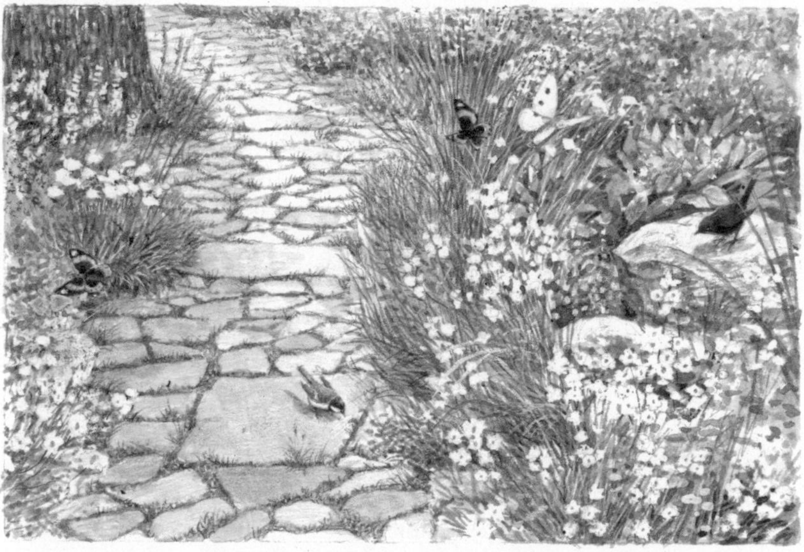

Aber statt die Wegeflächen einfach aus unserem Naturgarten auszublenden, möchte ich in diesem Buch dazu einladen, Wege im Garten als Orte des Lebens zu sehen: Auch sie können in ihrer Gestaltung und in ihrer Bauweise die Lebendigkeit des Gartens und das Genießen dieser Lebendigkeit fördern. Wege machen einen Garten erlebbarer, weil sie uns erlauben, sich in ihm zu bewegen. Gut geplante und gebaute Wege machen einen Garten schöner, weil sie ihm ein Gesicht geben. Schöne Wege im Naturgarten machen den Garten auch erlebnisreicher, weil sie so gebaut werden, dass neue und interessante Lebensräume entstehen.

Entsteht der Weg beim Gehen?

Dort, wo wir häufiger gehen, entsteht ein Weg, ob wir es wollen oder nicht. Solche Trampelpfade zu befestigen, ist vielleicht die einfachste Möglichkeit, Form und Funktion von Wegen miteinander in Einklang zu bringen. Die Planung der Wege wird dabei aus der Hand gegeben und die Nutzer der Fläche stimmen – ohne es zu merken – mit den Füßen ab.

An der Harvard Universität in Boston hat man sich dies zunutze gemacht: Dort, wo die Studierenden häufig gingen, entstanden Trampelpfade, die später in (Asphalt-)Wege umgewandelt wurden. So entstand ein praktisches, gerades, sehr modern und kühl wirkendes Wegenetz. Ob die Fläche dadurch schöner geworden ist? Was ist die Botschaft dieser geraden Linien? Wohl dies: Hier ist es wichtig, schnell von A nach B zu kommen. Verweilen, das Leben genießen, dazu laden diese Wege nicht ein.

Zu den Funktionen der Wege im Garten gehört jedoch viel mehr als die Möglichkeit, am einfachsten und schnellsten zum Ziel zu kommen. Denn die Wege sind immer sichtbar, auch im Herbst und Winter, wenn sich die Stauden in die Erde zurückgezogen haben und die Laubgehölze ohne Blätter und Blüten dastehen, wenn also die Lebendigkeit der Pflanzen und Tiere nicht so ins Auge fällt.

Auf den Wegen geht das Auge spazieren, wenn der Garten vom Haus aus betrachtet wird. Deshalb sollten Wege nicht nur praktisch sein, sondern auch schön. Was »schön« ist, nun das ist für jeden und jede ein bisschen anders. Deshalb werden Sie in diesem Buch auch keine »Patentrezepte« für schöne Wege finden, sondern eher Anregungen zum Nachdenken darüber, was Sie selber als schön empfinden – und was andere Menschen empfinden werden, wenn sie auf den Wegen in Ihrem Garten gehen. Der Eindruck, den der Garten macht, entsteht durch die Botschaften, die seine Formen, Farben und Materialien aussenden. Ein Garten, in dem viel polierter Naturstein verbaut ist, hat eine andere Ausstrahlung als ein Garten mit glatten Betonsteinen oder ein anderer mit bruchrauen Natursteinen.

Wege im Naturgarten sind anders

Was zeichnet nun einen Naturgarten aus? Wie entsteht seine besondere Lebendigkeit? Wie wird aus einem Garten mehr als ein schön gestalteter Raum im Freien zum Erholen oder Arbeiten? Denn im Naturerlebnisgarten wird ja all das geboten, was ein konventioneller Garten auch leistet. Wie kommt es also zum Mehrwert?

Ganz einfach: Wir laden in den Naturgarten unsere heimischen wilden Pflanzen und Tiere ein, schaffen Lebensräume in mehrfacher Hinsicht, nicht nur für uns, sondern auch für möglichst viele Pflanzen und Tiere, die in ausgeräumten Agrarlandschaften und versiegelten Siedlungsräumen heimatlos geworden sind. Wir leisten so einen wichtigen Beitrag zum Naturschutz in Dörfern und Städten und schaffen für uns selbst die Möglichkeit, spannende Naturbeobachtungen zu machen.

Um dieses Ziel erreichen zu können, haben Naturgärten zwei Haupteigenschaften:

Einmal »pflanzen« wir dort Tiere: Durch die Verwendung einheimischer Wildpflanzen, der Pflanzen, die schon seit Jahrtausenden bei uns leben, bieten wir die Lebensgrundlage für viele einheimische Tierarten. Denn im Laufe der Evolution (in den letzten Jahrzehntausenden und Jahrhunderttausenden) hat sich die Tierwelt an die Pflanzenwelt angepasst und beide passen nun zusammen wie Schlüssel und Schloss. Das geht so weit, dass manche Tierarten von nur einer oder von wenigen einheimischen Pflanzenarten abhängig sind. In Gärten mit konventioneller Bepflanzung gehen sie deshalb oft leer aus, denn die meisten Gartenpflanzen stammen ursprünglich nicht aus Mitteleuropa.

Zum anderen versuchen Naturgärtner aus allem, aber wirklich aus allem im Garten, einen Lebensraum zu machen, ohne dass die Funktionen der Flächen beeinträchtigt werden. Oft gewinnen die Flächen sogar weitere positive Eigenschaften hinzu. So schützt eine Dachbegrünung die Dichtfolien von Flachdächern vor Schäden durch ultraviolette Strahlung und Windsog, die Bewohner des Hauses vor Elektrosmog und Lärm. Begrünte Wege heizen sich im Sommer viel weniger auf als versiegelte Flächen und erlauben dem Regenwasser, im Boden zu versickern.

Wenn wir als Naturgärtner selbst Wege bauen wollen, dann werden wir sie so gestalten, dass sie gleichzeitig auch Lebensräume für Pflanzen und Tiere sind oder dass wir zumindest die negativen Einflüsse auf deren Lebensräume in unserem Garten so gering wie möglich halten.

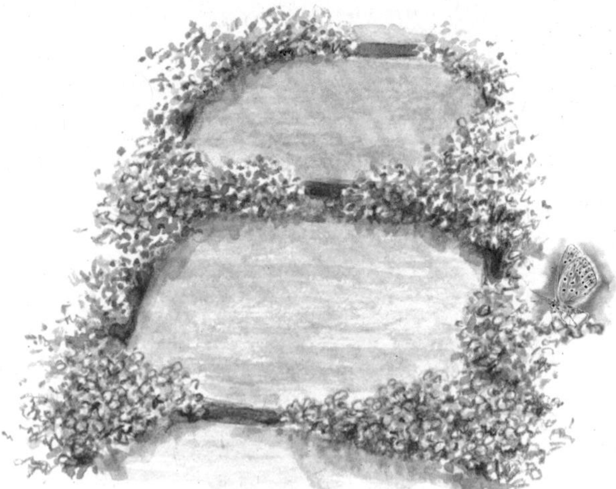

Einheimische Wildpflanzen, die in den Pflasterfugen wachsen, locken heimische Tierarten in den Garten. Indem wir sie wachsen lassen oder sogar gezielt aussäen und pflanzen, schaffen wir neue attraktive Lebensräume.

Wege sind Lebensräume

Magere Standorte sind in der Natur oft besonders blütenreich, vor allem, wenn sie in der Sonne liegen. Solche Standorte finden wir in der Natur immer weniger. Denn unsere Landschaft ist »vergrünt«: Die konventionelle Landwirtschaft erntet mithilfe von Mineraldünger auf einer Fläche so viele Pflanzen wie möglich und hat durch Entwässerung (natürlicherweise feuchter Standorte), Bewässerung (natürlicherweise trockner Flächen) und Düngung (ursprünglich magerer Bereiche) die landwirtschaftlich genutzten Flächen überall in fruchtbares Land verwandelt.

Blütenreiche Wiesen, Weiden und Säume werden deshalb weltweit immer seltener, denn Düngung fördert das Gras, das dann die bunt blühenden Kräuter verdrängt. Und mit den Blüten verschwinden die Insekten. Dadurch fehlen Tieren auf den weiteren Ebenen der Nahrungspyramide, zum Beispiel Vögeln, die Nahrungsquellen: neben den blütenbesuchenden Insekten auch die Samen, die aus den bestäubten Blüten entstehen. Dies ist einer der Gründe für den dramatischen Artenschwund unserer Tage, der in seiner Geschwindigkeit und in seinem Ausmaß dem Artenschwund zur Zeit des Aussterbens der Dinosaurier entspricht. (Vor 65 Millionen Jahren wurde ein enormer Artenschwund wahrscheinlich durch einen Meteoriteneinschlag ausgelöst.)

Naturnahe Wegeflächen sind eine gute Möglichkeit, diesem Artenschwund ein bisschen entgegenzuwirken und Lebensgemeinschaften anzusiedeln, die ansonsten nur noch auf den immer seltener werdenden mageren Standorten vorkommen.

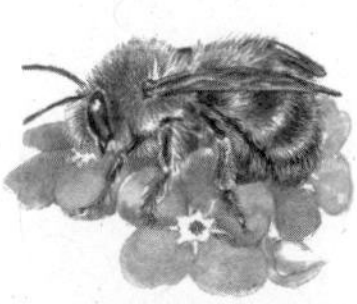

Versickerungsoffene Wege

Wenn wir Wege bauen, verändern wir zwangsläufig den Boden. Am Beginn der Bauarbeiten sieht der Garten erst einmal so aus, als hätte die sprichwörtliche Bombe eingeschlagen. Berge von Aushub, Schotter und Steinen zeigen unübersehbar: Hier wird gebaut. Im Grunde bedeutet Wegebau immer, dass die oberste Bodenschicht entfernt und durch Baumaterialien, die das Gehen oder Fahren auf der Fläche erleichtern, ersetzt wird. Denn normaler Boden wird bei Regen schlammig, bei Trockenheit uneben und schwerere »Nutzer« wie Autos sinken ein.

Wird die Fläche beim Bau der Wege versiegelt, zum Beispiel mit einer Asphalt- oder Betondecke, kann kein Wasser in den Boden darunter eindringen, auch der Gasaustausch ist extrem behindert. Der Boden unter versiegelten Flächen ist als Lebensraum entwertet, er »stirbt«.

Im Naturgarten bauen wir statt solcher versiegelter Flächen hingegen Wege, die versickerungsoffen sind. So kann das Bodenleben (wieder) atmen, denn Sauerstoff kann in den Boden besser eindringen und Stoffwechselendprodukte wie Kohlendioxid können den Boden verlassen. Gleichzeitig versickert das Regenwasser und wird – letztendlich – wieder zu Grundwasser. Das Wasser wird nicht in die Kanalisation abgeführt. Die Umwandlung von unbebauten Flächen in Siedlungsgebiete und die damit verbundene Versiegelung ist hierzulande

Möglichst wenig Beton
Die Oberflächen und der Untergrund in unserem Garten sollen aber nicht nur von oben nach unten durchlässig sein: Wasser, Pflanzen und Tiere bewegen sich auf und im Boden auch in der Horizontalen. Auch diese Bewegungen versuchen wir im Naturgarten nicht zu behindern. Deshalb verzichten wir, wo immer es möglich ist, auf starre Bauweisen und setzen Bauteile wie Randsteine, Mauerfundamente oder Treppenstufen nicht in Beton. Wir verwenden traditionelle Bauweisen wie Kalkschotterbankette, die als »Mineralbeton« ebenso gut Randzeilen seitlich befestigen können.

eine der Hauptursachen für die immer häufiger auftretenden Hochwasserschäden. Mit versickerungsoffenen Wegen und Plätzen leisten wir einen Beitrag zum nachhaltigen Umgang mit Wasser.

Mit Steinen und Schotter blüht der Garten auf

Wenn die Wege in unserem Garten für Wasser, Sauerstoff, Pflanzen und Tiere barrierefrei sind, können sie auch selbst zum Lebensraum werden. Wege werden meist aus Stein, Sand und Schotter gebaut. Damit schaffen wir sehr magere Lebensräume, so wie wir sie in den Bergen an Felshängen und auf Sandflächen finden können.

Natürlich wird das immer nur ein kleiner Ausschnitt dieser Lebensgemeinschaften sein. Fern vom Verbreitungsgebiet des Apollofalters, dessen Raupen auf Weißem Mauerpfeffer *(Sedum album)* an den Moselhängen leben, wird beispielsweise ein Weg, der an den selten begangenen Stellen mit Weißem Mauerpfeffer bewachsen ist, diesen Schmetterling nicht in unseren Garten bringen. Aber eins ist garantiert der Fall: Über den Blüten der Sedumpolster werden im Sommer Wolken von Wildbienen stehen.

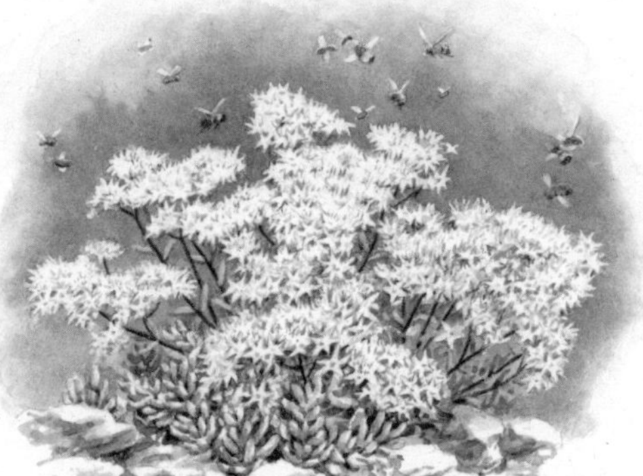

Natürliche Vor-Bilder: Trockenrasen und Felsspalten

Schauen wir uns die Lebensräume etwas näher an, in denen die Pflanzen vorkommen, die auch auf Wegen gut wachsen: Es sind die Felsbandrasen auf Felsen und die Trocken- und Halbtrockenrasen auf mageren Schotter-, Kies- und Sandflächen. Hier finden sich zahlreiche attraktive, bunt blühende Wildstauden.

Dort, wo Wege nur selten genutzt werden, können auch höher wachsende Pflanzen dieser Lebensgemeinschaften wie Färberkamille oder Natternkopf angesiedelt werden. Wo die Wege häufiger begangen werden, ist es besser, solche Pflanzen auszusäen, denen es nichts ausmacht, wenn wir hin und wieder auf sie treten, beispielsweise Thymian oder Habichtskraut.

Felsen und Schotterflächen gibt es in der Natur aber auch im Schatten. Für schattige Wege gibt es deshalb ebenfalls geeignete einheimische Wildpflanzen. Allerdings ist die Anzahl der auffällig blühenden Arten hier begrenzt, vor allem für die häufiger betretenen Bereiche. Im Schatten ist das Reich der Farne und Gräser, so, wie wir das von Felsen im Wald kennen (siehe Seite 19).

Attraktive Pflanzen säen und pflanzen

Versickerungsoffene Wege werden unweigerlich von Pflanzen besiedelt. Wir können das einfach zulassen und schauen, was sich dort so entwickelt. Allerdings sind die Distanzen, über die Pflanzen zuwandern können, sehr begrenzt. Um sich auf einer neuen Fläche ansiedeln zu können, muss eine Pflanzenart im näheren Umkreis (einige Meter bis wenige hundert Meter) vorkommen. Deshalb finden sich auf Wegen üblicherweise nur Löwenzahn, Breitwegerich und einjähriges Rispengras, aber kaum die attraktiven Arten der seltenen Magerstandorte. Und da die Eroberung von freien Flächen durch Pflanzen nach dem Prinzip »Wer zuerst kommt, mahlt zuerst« funktioniert, bleibt es dann auch oft dabei.

Wenn der Weg allerdings in einem naturnahen Garten liegt, in dem schon viele der erwünschten Arten wachsen, dann werden sich dort

Thymian, Rundblättrige Glockenblume und Co. ansiedeln, vor allem wenn sie in unmittelbarer Nähe der Wegefläche stehen.

Meist ist es aber sinnvoll, die naturnahen Wege einzusäen. Es wäre ja auch schade, diese Gestaltungsmöglichkeit ungenutzt zu lassen, zumal die Kosten für das Saatgut – relativ zu den übrigen Kosten für den Bau eines Weges – kaum ins Gewicht fallen.

Bei der Auswahl des Saatguts ist es wichtig, einheimisches Wildpflanzensaatgut zu wählen. Die für Wege geeigneten Mischungen heißen »Schotterrasen«, »Blumenschotterrasen« oder »Pflasterritzenmischung«. Bezugsquellen finden sich im Anhang ab Seite 172. Wer auf bewährte Mischungen zurückgreifen möchte, nimmt solche Mischungen. Das Saatgut wird mit leicht feuchtem Sand und Grünkompost gemischt und kann dann auf die Fläche aufgestreut und gegebenenfalls in Fugen eingekehrt werden. (Mehr dazu ab Seite 115.)

Noch spannender ist es allerdings, für die Einsaat nur wenige geeignete Arten auszuwählen und auch auf den Wegen bestimmte Gestaltungsziele zu verfolgen, z. B. duftende Bereiche oder Abschnitte mit Pflanzen, deren Blütenfarben besonders gut zusammenpassen, anzulegen. In den Tabellen ab Seite 161 finden Sie eine Auswahl geeigneter Pflanzen.

Die meisten Pflanzen, die für Wege geeignet sind, benötigen Sonne oder zumindest Halbschatten. Der Grund dafür liegt auf der Hand: In der freien Natur sind magere Standorte meist sonnig, Schatten gibt es nur unter Gehölzen und dort baut sich unter unseren klimatischen Bedingungen immer eine Humusschicht auf.

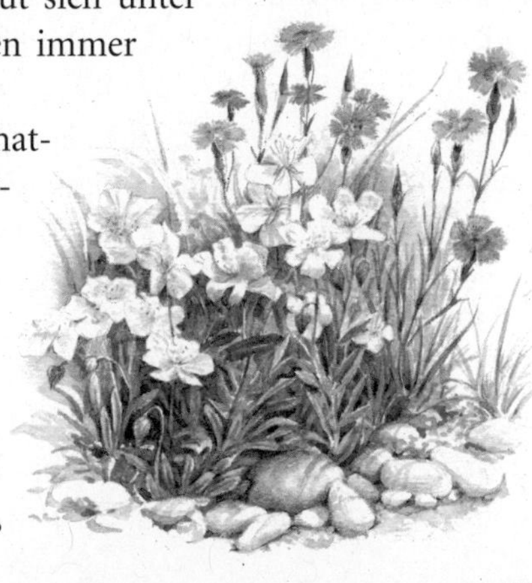

Trotzdem müssen wir im Schatten nicht auf begrünte Wege verzichten. Einmal wächst im Schatten Moos besonders gut – im Gegensatz zu den meisten Gräsern. Für Naturgärtner ist Moos keine Verunreinigung, die aus den Fugen herausgekratzt werden muss, sondern ein interessantes, urtümliches Biotop. Es ist die Welt der Urtiere: Einzeller, Rädertiere, Rundwürmer und Bärtierchen leben in feuchten Moospolstern. Wenn der Belag rau genug ist, dann führen Moose auch nicht dazu, dass die Flächen rutschig werden. Sie sind ja auch nicht trittfest und verschwinden an den Stellen von alleine, wo häufiger gelaufen wird. Im Schatten und im Winter, wenn sich die meisten Stauden und Gräser in den Untergrund zurückgezogen haben, sorgen Moose dafür, dass manche Flächen, z. B. Schotterrasen, trotzdem schön grün bleiben.

Dort, wo Moose dann doch die Benutzbarkeit der Flächen beeinträchtigen, reicht es, sie mechanisch zu entfernen. Wenn wir aber erst einmal Moose als interessante Pflanzen entdeckt haben, werden sie uns nur noch an sehr wenigen Stellen wirklich stören.

Es gibt aber auch etliche höhere Pflanzen, die an schattigen, steinigen Standorten wachsen, nur ist die Auswahl nicht so groß wie für sonnige Standorte. Diese Pflanzen finden sich in der Natur im Schatten von Felsen. Die Pflanzen in der Tabelle auf der folgenden Seite können in breite Pflasterfugen im Schatten gepflanzt oder gesät werden.

Die Möglichkeiten, eine Wegefläche bewusst zu gestalten, gehen noch weiter: Weitfugige Wegebeläge wie entsprechend verlegtes Großpflaster und Polygonalplatten oder Rasengittersteine können sogar wie ein Beet bepflanzt werden! Damit haben wir dann die Gestaltungsmöglichkeiten, die wir in jedem Staudenbeet haben: Wir können mit den verschiedenen Farben der Pflanzen, ihren Strukturen, Texturen oder Höhen eine spannende und das ganze Jahr über schöne Gartenfläche anlegen. So können in den Randbereichen sorgsam geplante Gruppen höherer Pflanzen die Fläche gliedern oder Gruppen von Polsterpflanzen in bestimmten Farbklängen wie farbige Flächen wirken. Wie sich eine solche Gestaltung dann im Laufe der Jahre verändert – einige Pflanzen werden sich aussäen, andere vielleicht verschwinden – hängt davon ab, wie wir die Fläche pflegen.

Für eine Bepflanzung von Wegen und Plätzen besorgen wir uns am besten Pflanzen, die eigentlich für die Begrünung von Dächern herangezogen werden (Bezugsquellen im Anhang ab Seite 172). Sie wachsen in sehr magerem Substrat und haben keine Schwierigkeiten, im Splitt oder Sand des Fugenfüllmaterials weiterzuwachsen. Außerdem ist der

Pflasterritzenpflanzen für schattige Standorte

Botanischer Name Deutscher Name	Höhe (in cm)	Blütenfarbe	Blütezeit (Monate)	Bemerkungen
Stauden				
Aquilegia vulgaris **Akelei**	80	blau	5 – 7	nicht trittfest, blühend hoch, wächst gerne in Pflasterfugen, auch im Schatten
Geranium robertianum **Ruprechtskraut**	50	rosa	5 – 10	nicht trittfest, wächst gerne in Pflasterfugen
Pseudofumaria lutea **Gelber Lerchensporn**	20	gelb	5 – 9	nicht trittfest, aber wertvoller Dauerblüher für Pflasterritzen im Schatten
Saxifraga paniculata **Trauben-Steinbrech**	30	weiß	5 – 8	nicht trittfest, wächst polsterartig, immergrün
Silene nutans **Nickendes Leimkraut**	60	weiß	5 – 8	etwas trittfest, eher am Rand, nicht blühend niedrig, blühend höher
Farne				
Asplenium scolopendrium **Hirschzunge**	35	keine		attraktiver wintergrüner Farn, in schattigen Ecken attraktiv, braucht Kalk
Polypodium vulgare **Engelsüß**	30	keine		immergrün
Polystichum aculeatum **Stacheliger Schildfarn**	100	keine		nicht trittfest, wächst gerne in Pflasterfugen, bleibt dort relativ niedrig
Gräser				
Carex ornithopoda **Vogelfuß-Segge**	20	gelbgrün	5 – 6	etwas trittfest, wintergrün
Carex umbrosa **Schatten-Segge**	20	rotbraun	4 – 5	etwas trittfest, wintergrün

Ballen dieser sogenannten »Kleintopfstauden« viel kleiner als bei normaler Pflanzware, nur 2 bis 3 cm groß, sodass sie einfach in Fugen und Aussparungen eingesetzt werden können. (Mehr dazu auf Seite 116.)

Der Weg als Waldboden: Holzhäcksel

Wie schön ist es, über weichen Waldboden zu gehen! Auch diese Naturerfahrung können wir in unseren Garten bringen. Wege können aus gehäckseltem Holz oder Rindenmulch hergestellt werden. Pilze und holzabbauende Tiere werden diesen Lebensraum dann besiedeln. Wie ein Beispiel einer Londoner Naturschutzinitiative zeigt, können solche Wege auch gefährdeten Arten Nahrung und Unterschlupf bieten: In einem über 100 m langen Weg wurden dort einige Hundert Hirschkäferlarven gefunden, die sich von morschem Holz ernähren.

Die Besiedlung des Wegebaumaterials führt letztendlich dazu, dass das Holz oder der Mulch mehr oder weniger schnell kompostieren. Es muss also immer wieder nachgeschüttet werden. Genau dies kann aber auch zu den erwünschten Funktionen eines untergeordneten Weges gehören, zum Beispiel wenn in einem Garten regelmäßig größere Mengen Häckselgut anfallen oder wenn wir den Verlauf unserer Nebenwege im Garten öfter mal wechseln wollen. (Mehr dazu ab Seite 55.)

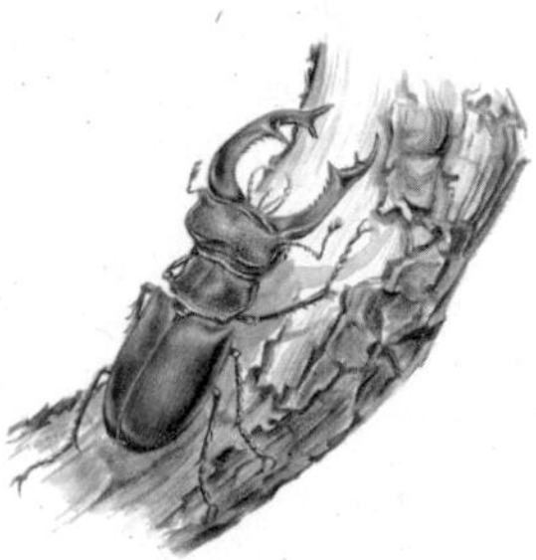

Gehäckseltes Holz oder Rindenmulch werden von holzabbauenden Tieren, vielleicht sogar den Larven der Hirschkäfer besiedelt. Dort, wo die Vergänglichkeit des Weges nicht stört, entstehen so im Totholz Naturerlebnisräume.

Nur Natursteine im Naturgarten?

Naturstein und Naturgarten gehören zusammen, so scheint es. Die Schönheit der Natursteine erfreut die meisten Menschen und insbesondere Naturgärtnerinnen und Naturgärtner. Steine zeigen, wie sie entstanden sind, Natursteine lassen uns die Erdgeschichte erahnen, Betonsteine wirken kühl und technisch.

Die Hersteller haben auf den Wunsch der Kunden reagiert und bieten inzwischen Betonsteine an, die die Oberflächen von Natursteinen imitieren. Aber nur selten wirken solche Steine auf lange Sicht schön. Während Natursteine mit der Zeit eine »Patina« bekommen und immer schöner werden, werden alternde Betonsteine unansehnlich. Farben verblassen, glänzende Oberflächen werden stumpf, auch die exakten Kanten können durch Erosion oder Nutzung irgendwann wie angeknabbert wirken. Aber für manche Projekte sind Wege und Plätze aus Naturstein schlicht zu teuer. Es ist durchaus möglich, auch lebendige Wege ästhetisch ansprechend mit Betonsteinen zu gestalten, und wenn wir Natursteine und Betonsteine unter ökologischen Aspekten vergleichen, dann schneiden Betonsteine erstaunlich gut ab.

Ökologischer und sozialer Fußabdruck der Wegebaumaterialien

Naturgärtner schauen auch weit über ihren Gartenzaun. Es ist ja nicht nur wichtig, im eigenen Garten Lebensräume zu schaffen. Die Materialien, die wir verwenden, sollen auch bei ihrer Produktion und Entsorgung keine Lebensräume beeinträchtigen oder andere negative Auswirkungen haben. Das heißt, es sollen keine schädlichen Stoffe in die Umwelt gelangen. Aber auch die Menschen, die das Material produzieren, sollten in einem gerechten Arbeitsverhältnis beschäftigt sein. Vor dem Hintergrund des Klimawandels ist zudem der »energetische

Rucksack«, den ein Produkt trägt, also der Energieverbrauch bei Produktion, Gebrauch und Entsorgung, zu bedenken. Wir wollen also so etwas wie den ökologischen und den sozialen Fußabdruck, den wir bei der Verwendung der Baumaterialien hinterlassen, betrachten.

Wenn wir uns zunächst nur den Energieverbrauch anschauen, stellen wir erstaunt fest, dass Betonsteine im Vergleich zu Natursteinen besonders gut abschneiden (siehe Tabelle auf dieser Seite). Und das, obwohl der Energieverbrauch bei der Zementherstellung ja nicht unerheblich ist. Wie kann das sein?

Energetischer Rucksack der Wegebaumaterialien

Baustoff	Ersterstellungs-Energieverbrauch (kWh/m³)	Wiedergewinnungs-Energieverbrauch beim Recycling (kWh/m³)
Beton	700	525
Naturstein	900	600
Holz, kesseldruckimprägniert	1050 (Austausch alle 10 Jahre)	entfällt
Klinker	1100	600
Recycling-Kunststoff	1200	1200

nach: H. Rausch: Einsatz von Stein und Ersatzstoffen, LA- Landschaftsarchitektur, 1999, Heft 4

Um Natursteine aus einem Steinbruch zu gewinnen, werden schwere Maschinen, die viel Energie verbrauchen, eingesetzt. In der Regel kommen auch noch lange Transportwege hinzu. Etwa 60 % der bei uns verkauften Natursteine kommen inzwischen aus Übersee, vor allem aus China, Indien und Brasilien. Betonsteine werden in der Regel ortsnah produziert, da es hierzulande ein Netz von Betonwerken gibt.

Für eine verantwortliche Nutzung der Materialien ist es aber auch wichtig, zu betrachten, wie das, was wir einkaufen, produziert wurde. Viele Menschen achten auf Waren aus dem Fairen Handel. Ihnen macht es keine Freude, in ihrem Garten über Steine zu laufen, die von Menschen produziert wurden, die keinen angemessenen Lohn für ihre Arbeit bekommen haben und die durch die Produktionsbedingungen Schäden an Leib und Seele davontragen.

In den Steinbrüchen in Übersee werden oft auch Kinder und Frauen, nicht selten auch Zwangsarbeiter, eingesetzt. Immer wieder gibt es Berichte, dass der Schutz der Gesundheit kaum gewährleistet ist. Beim Brechen der Steine werden gesundheitsschädliche Stäube frei und sowohl für Kinder als auch für Schwangere ist das Heben von schweren Lasten gesundheitsschädlich. Es gibt jedoch inzwischen mit Gütesiegeln wie »Xertifix« oder »fairstone« zertifizierte Anbieter von Natursteinen, die sozialverträglich produzieren. Produzenten, deren Steine diese Gütesiegel tragen, verpflichten sich, ohne Kinder- und Zwangsarbeit und nach bestimmten sozialen Standards zu arbeiten.

Besonders sinnvoll ist es, Natursteine aus lokalen Quellen zu wählen. Dann sind die Transportwege kurz und wir können sichergehen, dass die Arbeiter im Steinbruch in sozialer Sicherheit leben. Außerdem ist es natürlich auch besonders reizvoll, wenn wir in unserem Garten nicht nur heimische Wildpflanzen ansiedeln, sondern auch mit den Natursteinen gestalten, die in der Nachbarschaft der Wildpflanzen in der freien Natur vorkommen.

Passende Natursteine finden

Naturstein ist ein faszinierendes Material, er ist greifbare Erdgeschichte. Ein Sedimentgestein wie Kalksandstein oder Grauwacke ist ein Stück zu Stein verfestigter Meeres-, See- oder Flussboden. Solche Steine sind zumeist leicht spaltbar, manchmal können wir an den Spaltflächen Versteinerungen der Bewohner der urzeitlichen Meere finden.

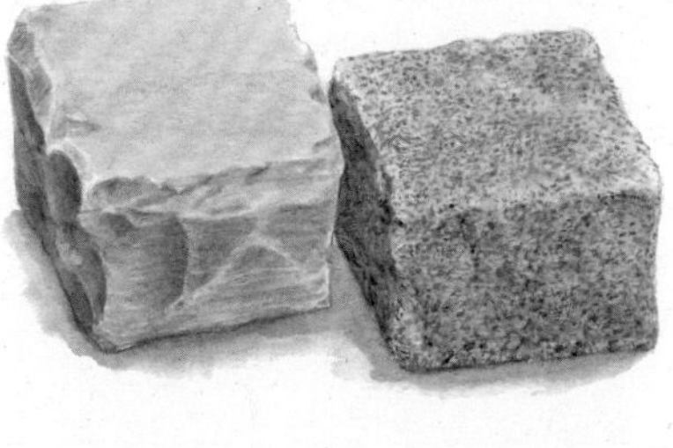

Sandstein (links im Bild) ist weicher und deshalb leichter zu bearbeiten als Granit (rechts im Bild), aber auch weniger dauerhaft.

Natursteinsorten im Überblick

Steinsorte (Entstehung)	Region	Farbe	Wegebau-material	Eigenschaften
Basalt (magmatisches Gestein)	Rhön, Vogelsberg, Westerwald	schwarz	Pflaster	glänzt bei Regen, wird dann glatt
Basaltlava (magmatisches Gestein)	Eifel, Gießener Land	grau, schwarz	meist geschnitten, v. a. Platten, Treppenstufen, aber auch Pflaster	leicht porös, deshalb rutschfest, leichter zu bearbeiten als Basalt
Diorit (magmatisches Gestein)	Bayerischer Wald, Kyffhäuser, Odenwald, Thüringer Wald	grau, schwarz	Platten	sehr hart, schwer zu bearbeiten, deshalb meist nur als Schotter verwendet
Gabbro (magmatisches Gestein)	Bayerischer Wald, Harz, Odenwald	grau, blaugrau	Pflaster, Platten	sehr hart
Gneis (metamorphes Gestein)	Alpen	grau	Pflaster, Platten	gut bearbeitbar
Granit (magmatisches Gestein)	Alpen, Oberpfälzer Wald, Odenwald, Schwarzwald	mehrfarbig, grau, rötlich, schwarz	Pflaster, gesägte Platten	sehr hart
Grauwacke (Sedimentgestein)	Belgien, Bergisches Land, Siegerland	bräunlich, grau	Pflaster, Platten	hart, eigentlich ein Sandstein
Kalkstein (Sedimentgestein)	Alpen, Altmühltal, Brandenburg, Fränkische und Schwäbische Alb	grau, graugelb	Pflaster, Platten	kann schnell verwittern, unterschiedlich hart
Marmor (metamorphes Gestein)	Fichtelgebirge	weiß, gelblich, rötlich	Pflaster	empfindlich gegenüber saurem Regen, als Platten nur bedingt geeignet, hart

Steinsorte (Entstehung)	Region	Farbe	Wegebau-material	Eigenschaften
Metabasalt, traditionell **Diabas** (metamorphes Gestein)	Alpen, Fichtelgebirge, Harz, Lahn, Siegerland, Vogtland	grau, grünlich	Pflaster, Platten	hart
Muschelkalk (Sedimentgestein)	Franken, Niedersachsen (Elm), Thüringen	gelblich	Pflaster, Platten	hart, relativ schwer zu bearbeiten
Nagelfluh (Sedimentgestein)	Alpen, Voralpen	gelblich, bunt	Platten	durch Kieseleinschlüsse hart, wirkt wie Beton
Porphyr (magmatisches Gestein)	Fichtelgebirge, Odenwald, Sauerland, Schwarzwald	rötlich	Pflaster, Platten	nicht immer frosthart
Sandstein (Sedimentgestein)	Allgäuer Alpen, Eifel, Bodensee (Schweiz), Elbsandsteinge-birge, Münster-land, Odenwald, Pfalz, Ruhrtal, Sauerland, Spes-sart, Steiger-wald, Thüringen, Wesertal	grau, grün, rötlich, gelb,	Pflaster, Platten	gut zu bearbeiten, nicht immer frosthart
Quarzit (metamorphes Gestein)	Alpen, Franken, Harz, Wiehengebirge	weiß, grau, bläulich, gelblich	Platten, Pflaster	hart, nicht immer frosthart
Travertin (Sedimentgestein)	Alpen, Bregenzerwald, Fränkische und Schwäbische Alb, Thüringen	gelblich, braun	Platten, Pflaster	leicht zu bearbeiten, unterschiedlich fest, porös
Tuff (magmatisches Gestein)	Eifel, Oberhessen, Sachsen	rötlich, gelblich	selten: Platten	obwohl magmatisch, recht weich, porös

Erstarrungsgesteine oder magmatische Gesteine, beispielsweise Granit, bestehen aus fest gewordener ursprünglich flüssiger Erdkruste. Wenn Gesteine in den unteren Bereichen der Erdkruste unter hohem Druck weiter verfestigt werden, ohne vorher zu schmelzen, dann sprechen wir von metamorphem Gestein, ein bekanntes Beispiel ist der aus Kalkstein oder Dolomit entstandene Marmor.

Auch in Mitteleuropa gibt es viele verschiedene Natursteine. Herkunft, Farbe und Eignung für den Wegebau gibt die Tabelle auf den Seiten 24 und 25 wieder.

Nicht jeder Naturstein ist auch für den Außenbereich geeignet. Regen und Frost dürfen die Steine nicht schädigen können. Manche Sandsteine, Kalksteine, Porphyre und Travertine sind nicht ausreichend dauerhaft. Lassen Sie sich daher von Ihrem Lieferanten Frosthärte und die Eignung für den Außenbereich schriftlich zusichern.

Recyclingmaterial statt Neuware

Ökologisch besonders sinnvoll ist der Einbau von wiederverwendetem Material. Natursteine werden mit der Zeit immer schöner (im Gegensatz zum Betonstein) und können auch gut aus zweiter Hand erworben werden. Dieses Material hat dieselbe bautechnische Qualität wie Neumaterial, bringt aber sofort die Stimmung eines gediegenen »historischen« Weges in den Garten und ist deshalb ziemlich begehrt. Wesentlich preiswerter ist es durch die hohe Nachfrage daher leider nicht. Es sei denn, man hat Glück und kennt privat eine Fläche, auf der Natursteine ausgebaut werden (können), und das Pflaster kann direkt von dem derzeitigen Besitzer erworben werden.

Auch Betonplatten und Betonpflastersteine kann man wiederverwenden. Insbesondere, wenn die Betonsteine zusammen mit Natursteinen und/oder Pflasterklinkern zu einem fantasievollen Belagsmuster verlegt werden, können sehr schöne Wege gestaltet werden. Bei der Verwendung verschiedener Materialien ist es am besten, wenn diese ungefähr dieselbe Dicke haben, damit die Bettung unter den Steinen nicht unterschiedlich hoch wird (siehe dazu Seite 90).

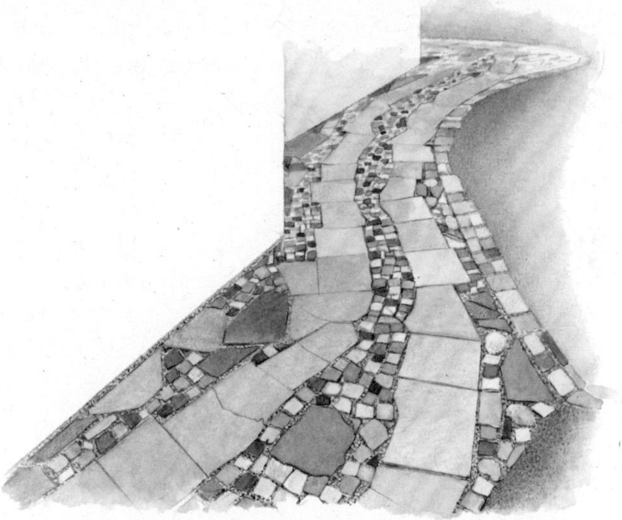

Aus wiederverwendeten Betonplatten und Natursteinen lassen sich überraschend schöne Wegemuster gestalten.

Altmaterialien für den Unterbau

Abbruchmaterialien müssen, wie andere Abfälle auch, so weit wie möglich wiederverwertet werden. Dies legt in Deutschland das Kreislaufwirtschaftsgesetz fest. Auch in der Schweiz und in Österreich gibt es ähnliche Regelungen (Technische Verordnung über Abfälle in der Schweiz; Abfallwirtschaftsgesetz in Österreich). Materialien aus dem Abbruch von Häusern oder auch von Wegen und Straßen werden gesiebt und gereinigt und dann als Wegebauschotter verkauft. Da liegt es doch nahe, auch dieses Material im Wegebau zu verwenden. Ein anderer Recyclingstoff, der vor allem in Bergbauregionen angeboten wird, ist Hochofenschlacke.

Aber Vorsicht! Alle Recycling-Materialien können mit Schadstoffen, z. B. aus der Bauchemie, verunreinigt sein. Besonders sorgfältig sollten wir die Verwendung von Recyclingschotter, kurz »RCL« genannt, für eine Verwendung im Naturgarten prüfen. Wir wollen unsere Wege ja versickerungsoffen bauen und so könnten im Schotter vorhandene Schadstoffe vom Regenwasser ausgespült werden und in den Boden, letztendlich aber ins Grundwasser, gelangen.

Auch die Verwaltungen in den Städten und Gemeinden haben erkannt, dass Recyclingschotter nicht unbedenklich ist. In Deutschland wird der Schotter deshalb auf Schadstoffe untersucht und den für alle Abfälle geltenden Schadstoffklassen von Z0 (unbelasteter Bodenaushub) bis Z4 zugeordnet: Z1 und Z2 dürfen als Straßenbaumaterial verwendet werden, wobei Z1 noch einmal in Z1.1. und Z1.2. unterteilt ist. Für Österreich gibt es eine ähnliche Einstufung in die Klassen A+, A und B. In der Schweiz wird Recyclingmaterial bevorzugt als Zuschlagstoff für Recyclingbeton eingesetzt und kaum als Schotter angeboten.

Es ist wichtig, zu wissen, dass auch in der besseren Qualität Z1.1. noch eine erhebliche Menge an Schadstoffen im Material erlaubt ist: So liegt der Wert für Kohlenwasserstoffe beim Dreifachen, für Blei und Chrom beim Doppelten der Werte für Aushub (Z0). Die schlechtere Kategorie von Recyclingmaterial (Z2) darf überhaupt nicht in versickerungsoffener Bauweise eingebaut werden, in den meisten Wasserschutzgebieten ist die Verwendung von Materialien aus Bauschutt ganz verboten. Wenn größere Mengen von Betonrecyclingschotter außerhalb von Wasserschutzgebieten eingebaut werden, dann ist dies in der Regel den Wasserschutzbehörden anzuzeigen.

Wer Betonrecyclingschotter einbaut, sollte auch wissen, dass dieses Material wegen der enthaltenen Zementreste oft die Eigenschaft hat, abzubinden, also eine feste und mehr oder weniger dichte Schicht zu bilden. Das kann sogar dazu führen, dass überhaupt kein Wasser mehr durch die Materialien hindurch versickern kann. Unter einer Asphaltschicht ist das vielleicht kein Problem, ein Blumenschotterrasen über einer dichten Tragschicht aus Betonrecyclingschotter steht dann aber bei Regen »im Sumpf«, was den Pflanzen schadet und auch die Tragfähigkeit der oberen Schotterschicht beeinträchtigt.

Recyclingschotter sollte also nur nach sorgfältiger Planung und in zertifizierter Qualität eingebaut werden. Da ist Fachwissen gefragt. In Selbstbauprojekten ohne fachliche Begleitung empfiehlt sich die Verwendung von Natursteinschotter oder -kiesen für den Unterbau.

Wege planen

Die Wege prägen das Gesicht des Gartens. Sie haben eine Aussage, sie sprechen uns an. Wir wünschen uns, dass uns unser Garten so anspricht, dass wir uns hier wohlfühlen, dass wir hier unser Leben genießen, Anregung erhalten und uns entspannen können. Die Gestaltung der Wege, ihre Oberflächen und die Führung der Wege sollten diesen Zielen dienen. Dies ist auch eine Frage des persönlichen Lebensstils, der persönlichen Ästhetik.

Mit Wegen schöne Gärten anlegen

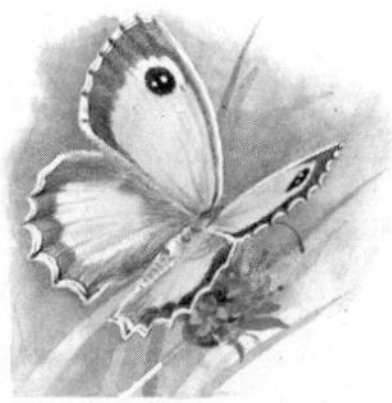

In einer Welt, die immer unübersichtlicher wird und in der die Zeit immer schneller zu laufen scheint, sehnen sich viele Menschen nach Klarheit und Festigkeit. Sie fühlen sich wohl in Räumen, die klar gegliedert, lichtdurchflutet und nur sparsam möbliert sind. Gärten können auch in diesem klaren und strengen Stil gestaltet werden und doch gleichzeitig Naturerlebnisse fördern und einen Beitrag zum Naturschutz leisten.

Denn der naturnahe Garten ist keine Frage des Gestaltungsstils. Naturnah wird ein Garten durch die Verwendung lebensfördernder Bautechniken und einheimischer Wildpflanzen. Auch formal gestaltete Gärten können vielfältig gestaltete Naturerlebnisräume sein.

Bei einer formalen Gestaltung beruht die Wegeführung auf einfachen, geometrischen Formen und Linien, es gibt rechte und spitze Winkel, Wege sind mal gerade, mal folgen sie einem exakten Kreisbogen oder einer genau berechneten Ellipse.

Besonders spannend ist es, wenn die Wege parallel zu Geometrien, die es im Gebäude gibt, verlaufen: In dem Beispiel auf Seite 31 verlaufen die Wege im Garten parallel zu einer schräg verlaufenden Wand im Hausgrundriss. Auch andere Elemente wie Baumstämme, die als einfache Sitzgelegenheit genutzt werden können, sind danach ausgerichtet. So findet sich die Gebäudearchitektur im Gelände wieder, sie wird dort gewissermaßen »geerdet«.

Eine formale Wegeführung wirkt klar und aktiv, manchmal sogar aggressiv, vor allem, wenn nicht nur rechte, sondern auch spitze Winkel vorkommen.

Andere Menschen möchten in ihrem Garten nicht nur Natur erleben, sondern in der Gartengestaltung auch die Formen der Natur wiederfinden. Diese sind in den seltensten Fällen gerade und rechtwinklig.

Wenn wir mit dem Flugzeug über Land fliegen, können wir aus der Vogelperspektive sehr gut erkennen, in welchem Maße die Landschaft vom Menschen geprägt und verändert worden ist. Natürliche oder naturnahe Landschaften haben unregelmäßige und abgerundete Formen. Je stärker das Land den Nützlichkeitserwägungen einer industrialisierten Wirtschaft und Landwirtschaft unterworfen wird, desto mehr gerade Linien und rechte Winkel durchschneiden die Landschaft.

Während manche diese klare Linienführung in ihrem Garten wünschen, sehnen sich andere nach den weichen, unregelmäßigen Formen einer vom Menschen nur wenig beeinflussten Natur. In solchen Gärten haben Wege einen geschwungenen, eher unregelmäßigen Verlauf, Gartenräume und auch Sitzplätze haben eher abgerundete Formen.

Natürlich gibt es zwischen diesen beiden grundsätzlichen Gestaltungsstilen viele Zwischenstufen und es gibt Gärten, in denen es sowohl formale Elemente als auch organische Formen gibt. Oft bietet es sich an, die Bereiche direkt am Haus formaler zu gestalten und in den hausfernen Flächen, die vielleicht sogar in die Landschaft übergehen, eine organischere Gestaltung zu wählen.

Im Nutzgarten ist es wichtig, dass die Arbeitsabläufe gefördert werden, dass Beete und Wege »praktisch« angelegt sind. Deshalb entstehen auch in Naturerlebnisgärten oft formale Nutzgärten als »Garten im Garten«, denn auf geraden Beeten ist es einfacher, Pflanzschnüre zu spannen und Reihenabstände gleichmäßig zu halten. Wer den Aufwand nicht scheut, kann aber auch einen dekorativen Nutzgarten mit organisch geformten Beeten anlegen.

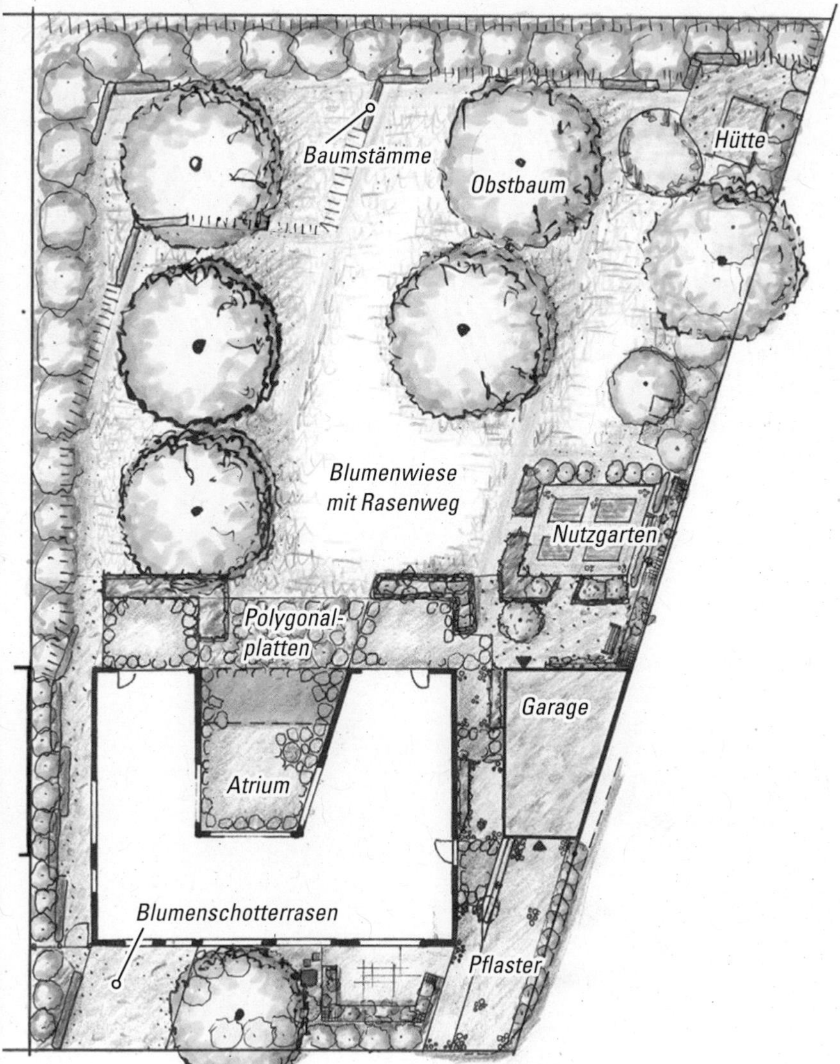

Die Gartengestaltung spielt – wie die Architektur des Hauses – mit dem Winkel, in dem die beiden Längsseiten des Grundstücks zueinander verlaufen. Dadurch öffnet sich das recht große Grundstück in die Landschaft hinein.

Mit Wegen Geschichten erzählen

Ein Wegenetz kann einen Garten in klar abgegrenzte Bereiche aufteilen. Beispiele für ein solches Gartenkonzept sind Bauerngärten mit ihren Wegemustern oder auch Schlossgärten – mit denen klassische Bauerngärten durchaus »verwandt« sind. Die Aussage »Hier ist alles unter Kontrolle« kann aber auch durch das Muster, in dem die Beläge verlegt werden, entstehen. Regelmäßige Muster, wie der rechtwinklig verlegte Reihenverband, Plattenbeläge mit Kreuzfugen oder das Fischgrätmuster (siehe Seite 92), fallen sofort ins Auge.

Dagegen treten unregelmäßige Pflastermuster wie der Wildverband beim Natursteinpflaster oder der römische Verband bei Plattenbelägen gestalterisch zurück. Sie können deshalb einem anderen Thema des Gartens »den Vortritt lassen« oder unterstützen ein eher sanftes Gartenbild.

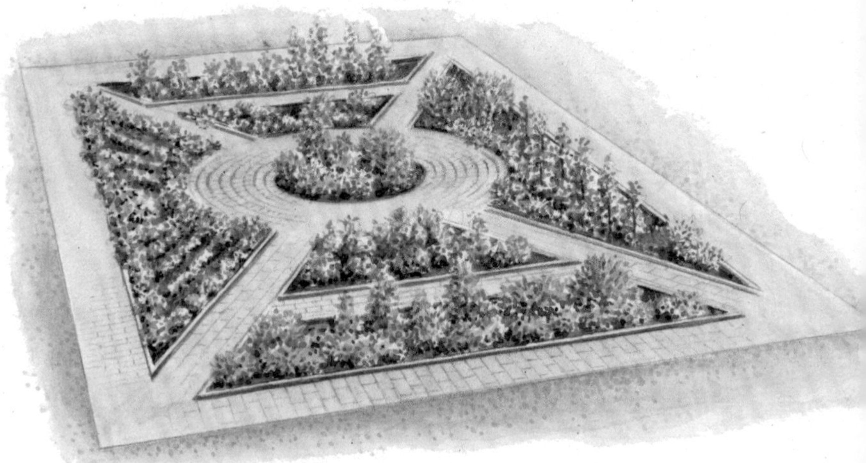

Alles unter Kontrolle: Deutliche Wegemuster schaffen Übersicht. In diesem Nutzgarten wurden die Wege mit schönen Ziegelsteinen gepflastert.

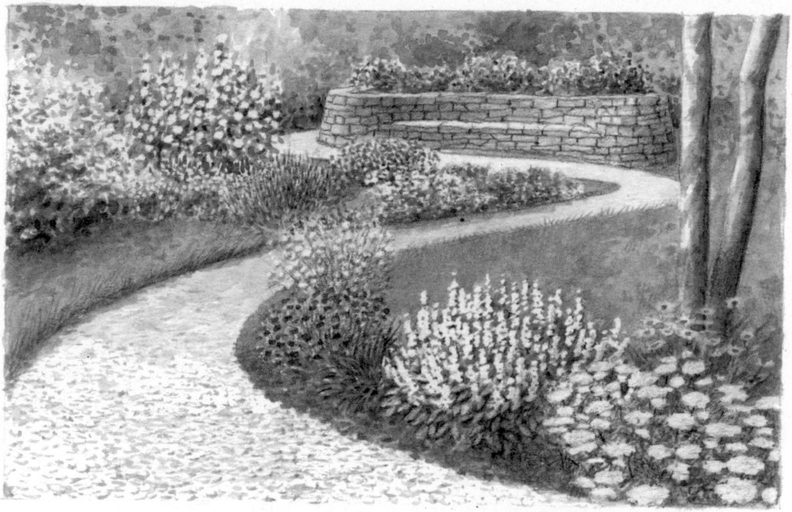

Es gibt ein Geheimnis: Ein geschwungener Weg verschwindet hinter der Trockenmauersitzbank. Der Garten wirkt so auf die Besucherinnen und Besucher größer und lädt zum Entdecken ein.

Wenn die Wegeführung nicht sofort und in ihrer ganzen Länge einsehbar ist, sondern hinter einer Pflanze oder einer gebauten Struktur verschwindet, dann lädt der Weg ein, auf ihm entlangzugehen und den verborgenen Bereich zu entdecken. Solche Wege sind attraktiv und anziehend. Der Garten wirkt auf diese Weise auch viel größer, als wenn der Weg nicht auf einen Blick in seiner ganzen Länge einsehbar ist.

Ein »Handtuchgarten« am Reihenhaus bietet hier eine besondere Chance: Wenn die lange Fläche in eine Abfolge von wohlproportionierten Gartenzimmern aufgeteilt wird, die durch einen verbindenden Weg erschlossen werden, haben wir an den Übergängen – quasi den Schwellen von Zimmer zu Zimmer – die Möglichkeit für einen Perspektivwechsel. Vor der Schwelle steigt die Spannung auf das, was wohl jetzt kommt. Nach Übertreten der Schwelle öffnet sich ein vielleicht ganz anders gestalteter Gartenteil. So wird beim Durchschreiten des Gartens ein Rhythmus aus Spannung und Entspannung erlebbar.

Der Weg kann aber auch in seiner Führung das gestalterische Zentrum des Gartens betonen. Vor allem bei kleinen Gärten bietet sich das an. Wenn der Blick im Garten bleibt, treten die Grenzen des Gartens für den Betrachter zurück. Das ist ein Gegenkonzept zur allgegenwärtigen Gartengestaltung mit einer Rasenfläche im Zentrum des Gartens und einer Bepflanzung mit Sträuchern am Zaun. Solche Gärten wirken immer klein, unabhängig davon, ob die Fläche 30, 300 oder 3000 m^2 groß ist. Warum das so ist? Nun, der Blick geht über die Rasenfläche hinweg und findet die ersten interessanten Strukturen an den Gehölzen an der Grenze. Das heißt: Wir nehmen hauptsächlich die Grenze des Gartens wahr. Und Flächen, bei denen sofort und ausschließlich die Grenze gesehen wird, wirken immer klein.

Wie anders wirkt dagegen der Garten, wenn der Blick des Betrachters darin gehalten wird. Aber was soll den Blick halten, was wird das gestalterische Zentrum? Bei meinen Gartenberatungen versuche ich, mit den Kunden herauszufinden, was die Nutzer des Gartens in besonderem Maße anspricht, was »ihr Herz mit Freude füllt«. Das kann ein kleiner Teich sein, eine Kräuterspirale, eine Vogeltränke, eine mit Duftpflanzen berankte Pergola oder auch ein schön gestaltetes Beet. Der Weg führt dann dorthin und lenkt den Blick auf diesen Gartenbereich.

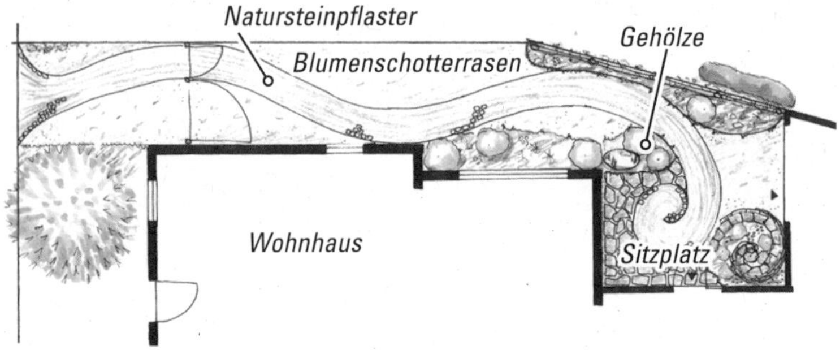

Komm ich zeig Dir was: Der geschwungene Weg und die besondere Gestaltung betonen den Sitzplatz in diesem Mini-Garten, der ursprünglich gar kein Garten war, sondern nur aus einer langen Garageneinfahrt bestand.

Wer wird wie und wo gehen?

Befestigte Wege erleichtern das Gehen und Fahren. Je beweglicher die Menschen sind, die sie nutzen, desto rauer und unebener dürfen die Wege sein. Aber sollten nicht alle Wege so eben wie möglich sein? Dann können sie doch genutzt werden, ohne dass man stolpert.

Ebene Wege sind solche, auf denen man leicht und schnell von A nach B kommt. Sie sind immer dort sinnvoll, wo Wege schnell und sicher zurückgelegt werden sollen – vom Tor zum Eingang, vom Ausgang zu den Mülltonnen, vom Autostellplatz zum Hauseingang.

Auf unebenen Wegen muss man auf den Weg achten, sich auf den Weg konzentrieren. Wenn der Weg sehr uneben ist, muss man sich sogar voll und ganz auf den Weg und das Gehen konzentrieren. Dies aber kann auch genau die erwünschte Funktion eines Weges sein. Von einem Zen-Mönch wird erzählt, dass er nach seiner Meditationspraxis gefragt wurde. Er antwortete: »Wenn ich esse, dann esse ich, wenn ich sitze, dann sitze ich, wenn ich stehe, dann stehe ich, und wenn ich gehe,

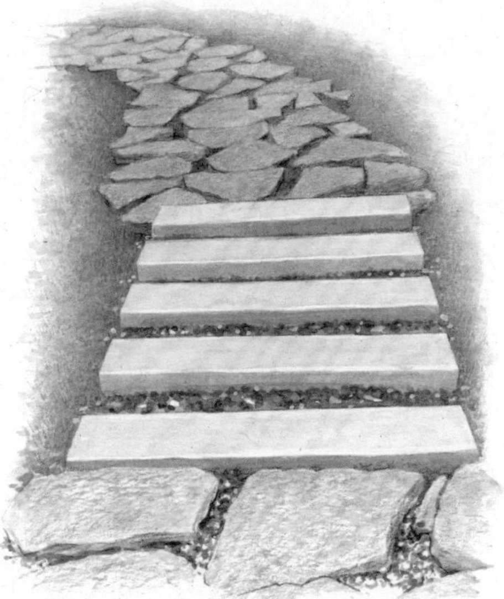

Zen-Weg: Tiefe Spalten zwischen den Trittplatten erfordern achtsames Gehen.

dann gehe ich«. Achtsam zu gehen, dazu kann uns ein besonders unebener Weg anleiten. Wege in japanischen Gärten sind aus diesem Grund manchmal besonders uneben, bestehen aus einzelnen markanten Steinen, die man beim Gehen genau »treffen« muss. Auch Friedensreich Hundertwasser hat unebene Wege bei seinen Bauprojekten geplant, um den Nutzern die spirituelle Erfahrung der Achtsamkeit zu ermöglichen.

Unebene Wegeoberflächen können also eine besondere Funktion und einen besonderen Reiz haben. Es müssen ja keine Trittplatten mit tiefen Spalten dazwischen sein, auch ein grobes, rundköpfiges Pflaster aus großen Kieselsteinen oder Pflastersteinen strahlt einen besonderen Reiz aus.

Wenn ein Weg mit Fahrzeugen benutzt wird, dann sollte er möglichst eben sein, und zwar umso ebener, je kleiner die Räder sind, die darauf rollen. Ein Auto kann ohne Probleme über ein unebenes Großpflaster fahren; mit einem Gehwagen ist dieser Belag voller Tücken. Wenn die Fugen oder Vertiefungen so groß sind, dass die Räder annähernd hineinpassen, dann ist das Fahren sehr mühsam oder wird sogar unmöglich, weil die Räder steckenbleiben. Wege für Bobbycars, Rollatoren, Kinderwagen und Rollstühle brauchen eine möglichst ebene Oberfläche. Fugen, die längs verlaufen und ungefähr so breit sind wie die Räder, sind besonders problematisch. Das weiß jeder, der schon einmal mit einem Fahrrad in Straßenbahnschienen oder im Rost eines Gullys gelandet ist! Fugen, die schmaler sind als die halbe Breite der Räder, sind dagegen unproblematisch und eröffnen die Möglichkeit, auch barrierefreie Wege lebendig zu gestalten. Für Fahrräder oder Rollis sollten Fugen in Fahrtrichtung nicht weiter als 1,5 cm sein.

Mal breit, mal schmal

Wege müssen übrigens nicht über die gesamte Länge immer die gleiche Breite aufweisen. Wenn Wege mal breiter und mal schmaler sind, dann wirken sie weniger als Linien und mehr als Abfolgen von Räumen. Gerade bei langen Wegen kann das zum Verweilen einladen und einen Garten besonders interessant machen.

Wie breit soll's und darf's denn sein?

Wege anzulegen, kostet Zeit, Mühe und – Geld. Deshalb gibt es oft das Bestreben, sie möglichst schmal anzulegen. Bevor wir die Breite der Wege festlegen, ist es aber sinnvoll, zu überlegen, wer sie wie nutzen wird:

- Für eine Person reicht eine Breite von 60 cm (im öffentlichen Raum 75 cm) aus.
- Wenn Personen mit Rollatoren oder Kinderwagen den Weg nutzen, dann sollte er 80 cm breit sein.
- Eine Person mit Gehhilfen braucht einen 1 m breiten Weg.
- Für Rollstühle werden 1,50 m benötigt, dann kann der Rollstuhl auf dem Weg auch wenden.
- Auf einem 1,50 m breiten Weg können sich zwei Fußgänger bequem begegnen, zwei Rollstühle brauchen im Begegnungsverkehr 1,80 m. Deshalb müssen auf Wegen, die häufiger von Rollifahrern genutzt werden, im Abstand von 15 m breitere Stellen von 1,80 m Breite zum Ausweichen vorhanden sein.

Es ist empfehlenswert, die Wege im Garten 1 m breit zu bauen, dann können wir sie auch nutzen, wenn wir durch einen Unfall oder im Alter auf Gehhilfen angewiesen sind. Der Weg zum Eingang wird am besten 1,50 bis 2 m breit gebaut, dann ist »Begegnungsverkehr« ohne Probleme möglich.

Eine beladene Schubkarre ist ungefähr 1 m breit. Wenn wir unsere Gartenwege mit Schubkarren befahren wollen, dann sollte eine lichte Weite von 1 m vorhanden sein. Der Weg zum Kompostplatz oder zum Gartenbeet muss aber dafür nicht unbedingt 1 m breit sein. Zum Abstellen der Schubkarre sind in der Regel 60 cm ausreichend.

Autos brauchen eine mindestens 2,75 m breite Zufahrt. Wenn sich zwei Fahrzeuge begegnen sollen, sind es 4 m. Stellplätze sind meistens 2,50 m, für Autos mit Rollifahrern 3,50 m breit.

Die Breite der Wege sollte aber auch zur Größe des Gartens passen. Kleinere Gärten wirken größer, wenn die Wege, die sie durchziehen, relativ schmal sind und wenn ihre Oberfläche aus eher klein dimensionierten Materialien gestaltet wird.

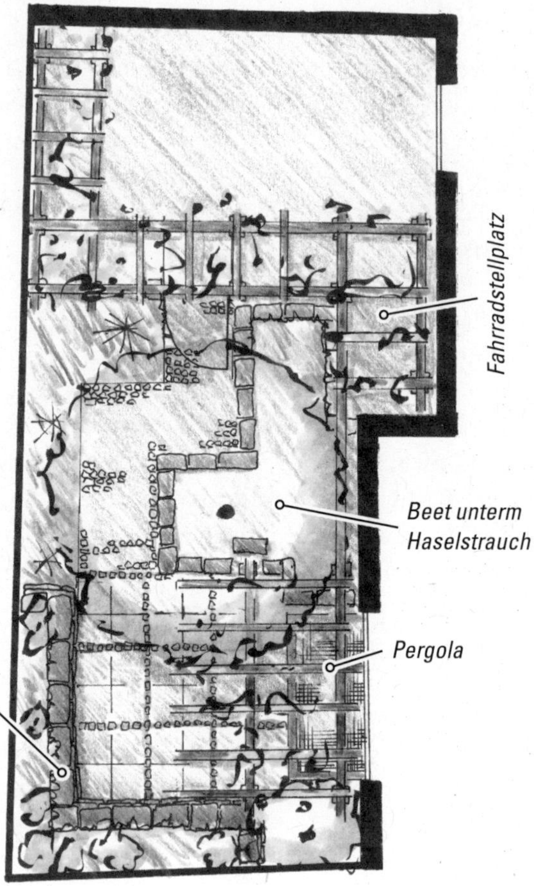

Bei sehr kleinen Gärten und Gartenhöfen ist es sogar sinnvoll, statt eines Weges durch den Garten einen von Pflanzflächen unterbrochenen Platz zu gestalten. Mit naturnahen Bautechniken angelegt und mit einheimischen Wildpflanzen bepflanzt, wird auch ein Gartenhof zu einem schönen und lebendigen Garten. In diesem Innenhof sorgt die mit einer duftenden Kletterrose *(Rosa arvensis* 'Splendens') berankte Pergola für Schatten. Unter dem alten Haselnussstrauch wachsen standortgerechte Stauden. Trockenmauern in Sitzhöhe laden zum Verweilen ein. Dahinter dürfen attraktive Wildpflanzen auf Kalkschotter blühen.

Der Weg zum Eingang

Die Gestaltung unseres Gartens sendet eine deutliche Botschaft über unsere Vorlieben, Werte und Einstellungen aus. Das gilt vor allem für die Bereiche, die von außen einsehbar sind. Selbst wenn der Hauptgarten gut vor fremden Blicken geschützt ist, so gibt es doch immer einen Bereich vor der Haustür, der mehr oder weniger einsehbar ist. Von der Straße oder dem Autostellplatz kommend, erreichen die Bewohner und Besucher des Hauses den Eingang. So ist dieser eine Weg unverzichtbar, auch in Gärten, in denen es ansonsten keine Wege geben soll.

Der Weg zur Haustür hat zumeist halböffentlichen Charakter: Hier dürfen gebetene und ungebetene Besucher gehen. Selbst wenn schon an der Gartengrenze Klingel und Gegensprechanlage installiert sind: Über diesen Weg gehen auch Menschen, die die Besitzer des Gartens nicht so gut kennen. Im Vorgarten und auf dem Weg zum Haus präsentieren wir uns der Öffentlichkeit. Deshalb werden die meisten diesen Weg auch mit Eigenschaften ausstatten, wie wir sie von öffentlichen Wegen gewohnt sind: Der Weg ist ausreichend breit für die zu erwartende Nutzung. Besucher, die gerade ankommen, können Menschen, die das Haus verlassen, begegnen. Wenn wir jemandem begegnen, dann bleiben wir auch schon einmal stehen und unterhalten uns. Deshalb ist es besonders schön, wenn vor der Haustür ein Kommunikationsraum entstehen kann, vielleicht sogar mit einer Sitzmöglichkeit.

Der Weg sollte auch eine Oberfläche haben, die möglichst barrierefrei ist. So können Sackkarre, Kinderwagen, Rollator und Rollstuhl problemlos bis zur Haustür gelangen.

Weil wir uns mit dem Vorgarten der Öffentlichkeit präsentieren, wird den Wegen zum Haus meistens besondere Aufmerksamkeit zuteil. Hier wird, auch bei beschränktem Budget, eher hochwertiges Material verwandt – oder auch nicht?

Ein offener, kaum abgegrenzter Vorgarten mit Plätzen, die zum Sitzen einladen, empfängt Freunde, Nachbarn und Unbekannte mit offenen Armen, wirkt einladend. Je ähnlicher die Wegebeläge den Belägen des angrenzenden öffentlichen Raumes sind, desto weniger privat wirkt der Vorgarten.

Aber auch ein individuell gestalteter Wegebereich vor der Haustür, der eindeutig privat ist, kann die Nachbarschaft einladen, wenn auf eine deutliche Abgrenzung zum Straßenraum verzichtet wird. An Spielstraßen oder wenn der Vorgarten an einen Fußweg grenzt, können nicht nur Kommunikationsbereiche, sondern sogar kleine Spielelemente für die Kinder der Nachbarschaft geschaffen werden (siehe dazu auch Seite 132).

Der hermetisch von der Straße abgegrenzte Vorgarten, mit nicht übersteigbarem Zaun und durch eine Gegensprechanlage gesichertem Tor, zeigt dagegen das Bedürfnis der Bewohner, den Zugang zum Haus zu kontrollieren, nur geladene Gäste zuzulassen.

Ein unebener, schmaler Weg zum Eingang signalisiert, dass die Bewohner des Hauses am liebsten ungestört bleiben wollen (und gut zu Fuß sind).

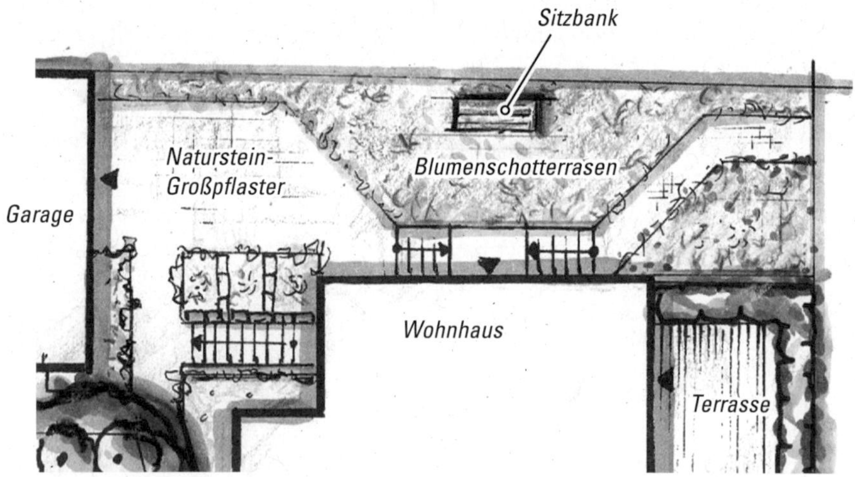

Die Sitzbank gegenüber dem Eingang signalisiert: Hier darf auch mal ein Schwätzchen gehalten werden. Freunde und Nachbarn sind willkommen.

Der Weg zur Garage

Auf den meisten Grundstücken sind auch die Autos »Bewohner«, die Wege und (Stell-)Plätze brauchen. Wie viele davon gebaut werden müssen, regeln die Landesbauordnungen, die sich in Bebauungsplänen und Gemeindesatzungen niederschlagen. Zum Stellplatz oder der Garage müssen beide gelangen, das Auto und die Nutzer der Autos. Viele Grundstücke grenzen nur an einer Seite an eine Straße, deshalb befinden sich Stellplätze, Zufahrten und die Wege zum Stellplatz meist im Vorgarten, also auch in dem Bereich, in dem wir uns der Öffentlichkeit präsentieren. Hier wird dann auch der Wert deutlich, den die Bewohner des Hauses ihrem Auto zukommen lassen: Werden die Wege und Plätze für das Auto ähnlich aufwendig gestaltet wie die Wege für die Menschen oder sind sie von der Qualität her untergeordnet? Wie viel Raum wird den Autos zugebilligt? Gleicht der Vorgarten einem öffentlichen Parkplatz? Oder findet sich statt eines Stellplatzes für Autos dort eine große Fahrradgarage und steht auf den Wegen und Plätzen im Vorgarten eine bunte Mischung aus Bobbycars, Kinderfahrrädern und Fahrrädern mit Anhängern? Egal, wie die Bewohner des Grundstückes mobil sind: Die Fahrzeuge brauchen Stellplätze oder Unterstellplätze und Wege, auf denen gut zu fahren ist (mehr dazu auf Seite 134).

Auf dem Grundstück auf Seite 40 wird die Einfahrt zur Garage, die als Blumenschotterrasen angelegt wird, von einem gepflasterten Weg durchzogen. Damit wird die Garage dem Eingang eindeutig untergeordnet. Zugleich zeigt die Bank gegenüber dem Eingang, dass diese Garage Fahrrädern und anderen kleineren Fahrzeugen als Unterstand dient, diese Zufahrt aber nicht mit Autos genutzt wird.

Mit dem Weg Gartenräume verbinden

In einer guten Gartengestaltung sind die Funktionsräume im Garten in einer schönen und sinnvollen Art und Weise angeordnet und voneinander abgegrenzt, sodass »Gartenzimmer« entstehen. Das sind beispielsweise Sitzplätze in der Sonne und im Schatten, ein Nutzgartenbereich, der Kompostplatz, ein Wassergarten, Naturerlebnisbereiche, ein Spielgarten, Platz zum Werken und ein Holzlagerplatz.

Sobald ein Garten regelmäßig betreten wird, wir also von »Zimmer« zu »Zimmer« gehen, gibt es dort Wege, auch wenn sie nicht bewusst gestaltet sind. Zwischen den Nutzgartenbeeten entstehen Trampelpfade und auch auf dem Rasen entstehen auf häufiger begangenen und bespielten Bereichen Flächen, auf denen die Vegetation anders aussieht oder verschwindet.

Trampelpfade haben allerdings einen großen Nachteil: Bei schlechtem Wetter werden sie schnell schlammig und es ist dann kein Vergnügen mehr, auf ihnen zu gehen. Es lohnt sich also nicht nur aus gestalterischen Gründen, die Verbindungen zwischen den Gartenzimmern mehr oder weniger zu befestigen. So können wir den Garten übers ganze Jahr betreten, ihn erleben und uns daran erfreuen, selbst bei schlechtem Wetter.

Artenschwund durch immer mehr Asphalt

Wir kennen kaum noch den Unterschied zwischen einem unbefestigten und bei schlechtem Wetter kaum passierbaren Weg, der »Landstraße«, und der befestigten, gut befahrbaren »Chaussee«, englisch: »highway« (durch die Befestigung lagen die Straßen oft höher als das umgebende Gelände). Im Deutschen wurde statt Chaussee auch oft das Wort »Kunststraße« verwendet. Ältere Menschen können sich aber noch an die Befestigung von Landstraßen in der ersten Hälfte des vergangenen Jahrhunderts erinnern und in anderen Ländern können wir den Unterschied zwischen Straße und Wellblechpiste durchaus noch »erfahren«. Mit der zunehmenden Asphaltierung sind dann auch viele Pflanzenarten verschwunden, die auf oder am Rand der Wege wuchsen, die zur sogenannten Dorfflora gehörten.

Während der Weg zum Eingang unverzichtbar ist, erleichtern die Wege im Garten seine Nutzung und »Erfahrbarkeit« ungemein. Außerdem verschönern sie den Garten, es sind eben »Kunstwege«.

Der Weg am Hang

An Hängen sind Wege besonders hilfreich oder sogar notwendig, denn auf Rasen oder Trampelpfaden rutscht man bei schlechtem Wetter umso leichter aus, je steiler der Hang ist. Andererseits werden die Wegematerialien am Hang auch besonders belastet. Wegedecken aus Häcksel, Splitt oder Schotter (wassergebundene Wegedecken, Kieswege, Blumenschotterrasen, Holzhäckselwege) werden auf Hängen, die ein Gefälle von mehr als 5 bis 7 % haben, leicht durch Erosion geschädigt.

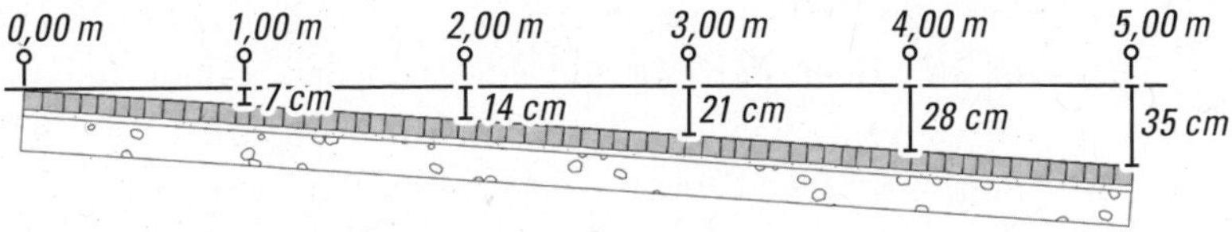

Das Gefälle einer Fläche, also auch von Wegen, wird meist in Prozent angegeben. 1 % Gefälle heißt: Eine Fläche fällt auf einer Länge von 1 m um 1 cm ab. Bei einem Längsgefälle von 7 % fällt der Weg je Meter (= 100 cm) entsprechend 7 cm ab.

Auf steileren Hängen mit einem Gefälle über 7 % ist es sinnvoll, Wege mit Pflaster oder Platten zu befestigen. Wenn solche Wege als Zufahrt für ein Auto genutzt werden sollen, ist zudem durch die Last der Fahrzeuge mit den höheren Scherkräften zu rechnen. Je steiler der Hang, desto größer sollten die Natursteinpflastersteine sein, damit diese die Kräfte noch aushalten. Betonverbundpflaster sind ebenfalls geeignet, gefallen aber nur wenigen Gartenbesitzern richtig gut und versiegeln die Flächen in der Regel auch sehr stark.

Je steiler der Weg ist, desto rauer sollte die Wegeoberfläche aber auch für die Fußgänger sein, damit man nicht so leicht ausrutscht. Kleinformatige Natursteinpflaster sind hier in besonderem Maße geeignet.

Was also für die Haltbarkeit der Pflasterdecke unter der Belastung von Fahrzeugen gut ist, ist weniger hilfreich für die Fußgänger. An steilen Hängen werden deshalb Fußwege und Fahrwege am besten getrennt, so wie dies auch im öffentlichen Raum geschieht.

Um das Gefälle nicht zu steil werden zu lassen, können Wege an steilen Hängen in Serpentinen geführt werden. Dann gibt es in den Kehren ebene Bereiche, auf denen sich Menschen mit Einschränkungen ausruhen können. Wenn Rollifahrer einen Weg mit Gefälle nutzen, also eine Rampe, dann muss im Abstand von 10 m ein Zwischenpodest zum Ausruhen angelegt werden und das Gefälle der Rampenbereiche darf 6 % nicht überschreiten.

Alternativ zu Rampen können Gefällestrecken für Menschen ohne Einschränkungen der Bewegungsfähigkeit auch durch den Bau einer Treppe besser begehbar gemacht werden.

Wenn ein Weg am Hang nur leicht ansteigt, entsteht bergseitig meist ein Geländesprung, denn der Weg hat ein geringeres Quergefälle als der Hang. Dort können wir eine Trockenmauer bauen. Sie hat viele Vorteile: Bei Starkregen wird keine Erde auf den Weg gespült und das Regenwasser kann in der Hinterfüllung der Mauer versickern. Durch die Trockenmauer entsteht ein schönes, den Weg begleitendes Beet, das vom Weg aus wie ein Hochbeet wirkt. Hier wachsen die schönen und oft duftenden Pflanzen der mageren Standorte näher an unseren Händen und Nasen, wir können sie leichter fühlen und riechen.

Vorsicht Wasserschaden

Gefälle immer vom Haus wegführen! Das verhindert, dass Kellerwände feucht werden oder das Wasser vor der Haustür steht. Bei ebenerdigen Austritten besteht die Gefahr, dass das Wasser durch die Türen ins Haus dringt, deshalb sind dort Entwässerungsrinnen einzubauen. In abflusslosen Situationen unbedingt Hofeinläufe vorsehen! (Mehr dazu ab Seite 65.)

Das Gefälle des gesamten Grundstücks sollte immer so gestaltet sein, dass das Wasser auch und gerade bei Starkregen immer vom Gebäude und seinen Eingängen weggeführt wird.

Wegeoberflächen auswählen

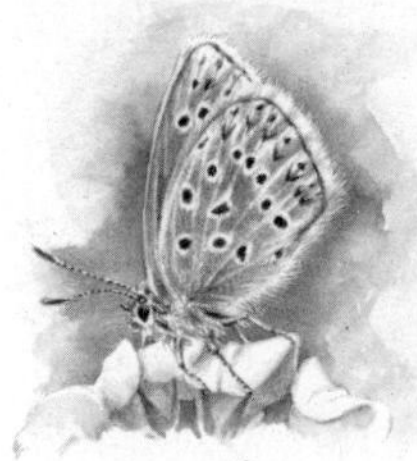

Genau wie die Form der Wege und der Wegeführung, so bestimmt auch die Qualität der Wegeoberfläche die Stimmung im Garten. Die verwendeten Materialien beeinflussen in besonderem Maße die Ausstrahlung des Gartens, je nachdem, ob sie rau, spitz oder besonders glatt sind.

Es geht bei der Auswahl der Materialien also nicht nur darum, die beste Oberfläche für die gewünschte Funktion zu finden oder ein Material, das uns gut gefällt und vom Preis her in unser Budget passt. Es geht auch darum, wie wir unseren Garten erleben werden und erleben wollen.

Sollen die Wege edel und zurückhaltend wirken, soll man nicht sehen, wie viel das Material gekostet hat, oder sollen die Wegematerialien ihren Wert deutlich zeigen? Sollen die Wege bewusst rustikal und ländlich aussehen und uns an vergangene Zeiten erinnern oder zeigen die Wegematerialien, dass wir in einer schnellen und vernetzten Zeit leben?

Glatte Wegeoberflächen

Glatte Wegeoberflächen sind dann notwendig, wenn die Wege einfach und sicher begangen werden sollen, insbesondere, wenn sie auch von Personen mit Einschränkungen benutzt werden. Die Wegeoberflächen sollten allerdings nicht so glatt sein, dass sie bei Feuchtigkeit rutschig werden.

Glatte Wegeoberflächen wirken meist zurückhaltend, wenn sie aus hochwertigen Materialien hergestellt wurden, auch edel. Wenn die Materialien jedoch glänzen, dann treten die Wege wieder in den Vordergrund und zeigen ihren Wert.

Beton- und Natursteinplatten

Eine »Platte« zeichnet sich – im Gegensatz zum Pflasterstein – dadurch aus, dass sie relativ flach, aber sehr lang und breit ist. Gartenplatten, egal, ob aus Beton oder Naturstein, sind meist etwa 5 cm hoch, Länge und Breite liegen zwischen 30 und 75 cm. Es gibt aber auch viel größere Platten, die dann aber auch dicker sind, damit sie nicht so leicht brechen.

Je größer die verwendeten Platten sind, je glatter ihre Oberflächen und je schmaler die Fugen, desto glatter und ebenmäßiger ist der Weg. Im Extremfall gleicht er dann schon einer vollflächig mit Beton ausgegossenen Fläche.

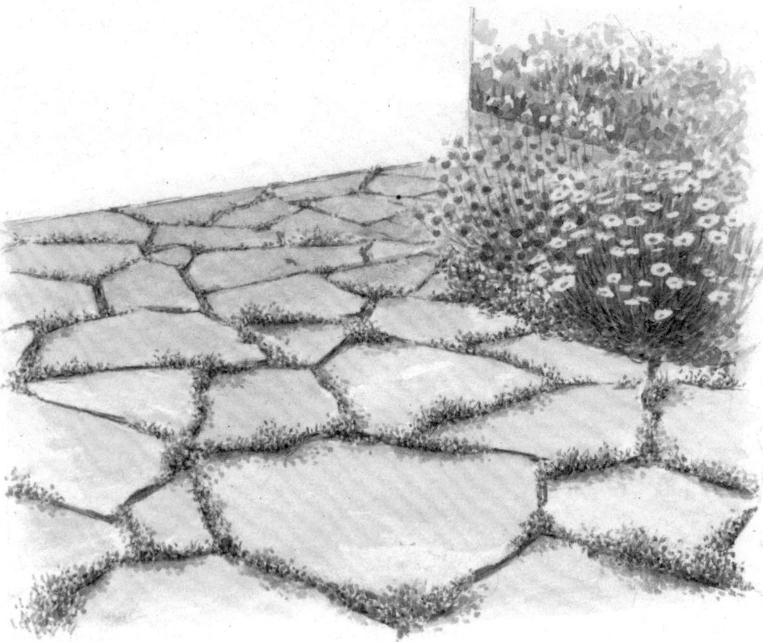

Polygonalplatten haben unregelmäßige Kanten. Sie können mit engen Fugen verlegt werden, sodass ebenmäßige Wege entstehen. Wo das nicht notwendig und nicht gewünscht ist, können sie aber so verlegt werden, dass breite Fugen entstehen. Zwischen die Platten werden dann Wildstauden gesät oder gepflanzt.

Enge Fugen können leicht erreicht werden, wenn die Platten ein regelmäßiges Maß haben. In der Regel werden rechteckige Platten angeboten. Es gibt sie aus Betonwerkstein oder aus Naturstein. Während Betonsteine im Laufe der Zeit immer grauer und unansehnlicher werden, auch und besonders, wenn sie eingefärbt wurden, bekommen Natursteine beim Altern eine schöne Patina. (Mehr zum Unterschied zwischen Beton- und Naturstein auf Seite 21.) Inzwischen gibt es aber auch Betonplatten mit einer Kunststoff-Oberflächenversiegelung, die das unschöne Vergrauen der Betonplatten verhindern soll.

Sogenannte Polygonalplatten haben unregelmäßigen Kanten, zumeist sind diese aus Natursteinen wie Sand- oder Kalkstein. Natursteine können gut bearbeitet werden, sodass auch Naturstein-Polygonalplatten mit relativ engen Fugen verlegt werden können. Meist sind die Fugen bei Polygonalplattenbelägen aber weiter als bei Belägen aus Rechteckplatten. Dass das kein Nachteil ist, sondern im Naturgarten eher als Vorteil gesehen wird, wurde bereits ab Seite 18 beschrieben.

Beton- und Klinkerpflaster

Auch aus Beton- und Klinkerpflastersteinen werden sehr ebenflächige Wegedecken hergestellt. Diese Pflastersteine werden in großen Mengen fabrikmäßig hergestellt.

Für Betonwerksteine werden im Zementwerk Zement, Wasser und Sand oder Kies gemischt, die dann aushärten. Klinker besteht aus Ton, der bei hohen Temperaturen gebrannt wird. Klinkerpflastersteine nehmen deshalb kaum Wasser auf und brechen im Frost nicht. Aber auch Betonpflastersteine werden so produziert, dass sie frosthart sind.

Diese Kunststeine haben auf beiden Seiten exakt plane und parallele Flächen. Sie müssen deshalb auf einer ebenso exakt abgezogenen Bettung aufgelegt werden. Auch die Fugen sollten eine gleichmäßige Breite einhalten. Meistens sind die Steine exakt rechteckig und so fallen Unregelmäßigkeiten im Fugenverlauf leicht auf.

Jetzt wird klar, warum es gar nicht so einfach ist, den preiswerteren Betonstein zu verlegen. Wenn man dann noch die ästhetischen Nachteile von Betonwerksteinen bedenkt, dann empfiehlt sich für den

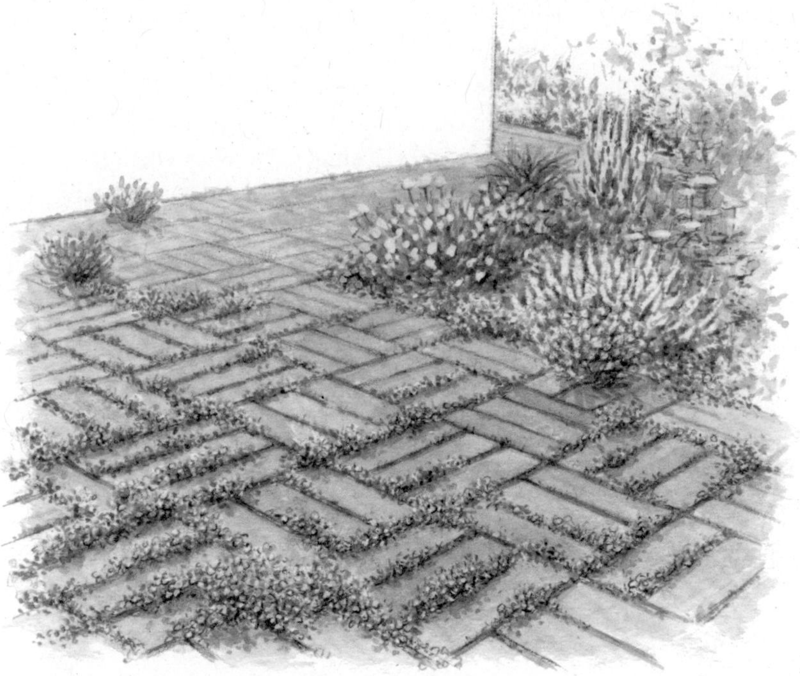

Klinkerpflastersteine werden meist mit engen Fugen verlegt, sodass auch hier Wege mit glatten Oberflächen entstehen. Um Regenwasser versickern zu lassen und heimischen Wildpflanzen sowie heimischen Wildtieren Lebensräume zu bieten, können Klinker aber auch mit etwas weiteren Fugen verlegt werden.

Selbstbau tatsächlich in den meisten Fällen Naturstein. Klinkerstein altert übrigens ähnlich wie Naturstein »schön«, auch Klinker bekommt eine angenehme Patina und die leuchtenden Farben des Klinkerpflasters bleichen nicht aus. Allerdings verlangt auch Klinkerpflaster eine exakte Arbeitsweise.

Für eine stabile Verlegung ist bei Betonpflaster eine relativ enge Fuge notwendig (berühren dürfen sich die Steine allerdings nicht). Dies bedeutet, dass Wasser kaum auf der Fläche versickern kann und auch Pflanzen nur wenig Raum zum Wachsen finden. Mit einigen Tricks bei der Herstellung der Steine oder bei ihrer Verlegung kann aber erreicht werden, dass es, zumindest teilweise, auf der gesamten Fläche auch weite Fugen gibt. (Mehr dazu ab Seite 95.) So kann dann auch mit Betonpflaster eine lebensfreundliche Wegeoberfläche gestaltet werden. Pflanzen und Tiere finden dann dort einen Lebensraum, ohne dass die Nutzung beeinträchtig wird.

Wassergebundene Wegedecken und Kieswege

Ebenflächige Wege können aber auch ohne Pflaster oder Platten angelegt werden: mit der sogenannten »wassergebundenen Wegedecke«. Gut gebaut, sind sie glatt wie eine Asphaltdecke. (Asphaltdecken werden in diesem Buch nicht besprochen, weil sie zum einen beim Bau spezielle Fachkunde erfordern und sie andererseits auch nicht so hergestellt werden können, dass sie die Besiedlung mit Pflanzen und Tieren zulassen. Sie sind in der Regel absolut wasserdicht und ritzenfrei.)

Wassergebundene Wegedecken sind nicht wasserdicht, durch sie hindurch kann Wasser versickern oder – bei Trockenheit – auch Bodenfeuchtigkeit aufsteigen. Dadurch heizen sie sich an heißen Sommertagen auch längst nicht so stark auf wie Asphaltdecken. Hergestellt werden sie aus Schotter, Splitt und Sand, die in immer feinerer Qualität nacheinander aufgebracht und verdichtet werden. (Mehr dazu auf Seite 85.)

Kieswege sind eigentlich nur eine Abwandlung der wassergebundenen Wege. Nach dem Fertigstellen der feinkörnigen wassergebundenen Wegedecke wird eine dünne Schicht Kies als »Oberflächenveredelung« aufgebracht. Auf solchen fachgerecht gebauten Kieswegen sinkt man nicht ein und der Kies arbeitet sich auch nicht daraus heraus. Trotzdem hört man, wenn jemand über den Weg geht. Für viele ist es einer der Vorzüge der Kieswege, dass sich gebetene und ungebetene Besucher über Geräusche ankündigen. Die Wege in Schlossparks wurden oft in dieser Art und Weise gebaut und werden aus Denkmalschutzgründen auch so erhalten.

In gleicher Weise können auch andere Materialien als letzte Schicht locker aufgebracht werden, beispielsweise Muscheln, gebrochenes (Recycling-)Glas oder Schieferplättchen.

Wassergebundene Wege brauchen allerdings mehr Pflege als Pflaster- oder Plattenwege: Die oberste Nutzschicht nutzt sich mit der Zeit ab. Auch das Entfernen von Pflanzen, die sich auf diesen Wegen ansiedeln, kann die Wegeoberfläche schädigen. Deshalb müssen diese Wege in regelmäßigen Abständen renoviert werden. (Mehr dazu auf Seite 128.)

Die wassergebundenen Wegedecken sind umso dauerhafter, je exakter das Gefälle der verschiedenen Schichten hergestellt worden ist. Es dürfen sich keine Pfützen bilden, da sie die Deckschicht aufweichen. Das Wasser muss bei Regen gut ablaufen können. Wenn das Wasser der Pfütze gefriert, zerstört das Eis die Wegedecke besonders schnell. Besonders günstig ist es, das Gefälle als sogenanntes »Dachgefälle« auszubilden. In heißen, trockenen Sommern muss aber auch genügend Wasser vorhanden sein, damit der Weg stabil bleibt. (Mehr dazu auf Seite 129.) Hier wird schon deutlich: Wassergebundene Wege sind zwar preiswert in der Herstellung, aber für diese Wegeoberfläche sollten wir lieber einen Fachbetrieb beschäftigen.

Bei Tauwetter sollten wassergebundene Wege außerdem möglichst wenig benutzt werden. Denn solange der Boden in der Tiefe noch gefroren ist, kann das Wasser aus der getauten Deckschicht nicht nach unten versickern. An Tagen mit Tauwetter verwandelt sich die Deckschicht in einen schmierigen Schlamm und wenn der Weg dann doch benutzt wird, dann wird der sorgfältig hergestellte Schichtenaufbau zerstört.

Wie wir sehen, sind wassergebundene Wegedecken vor allem für untergeordnete Wege geeignet, die vorzugsweise im Sommer genutzt werden.

Auf wassergebundenen Wegen können Pflanzensamen keimen. Aus der Sicht des Naturgartens kann es als Vorteil gesehen werden, dass sich in weniger betretenen Wegebereichen Pflanzen ansiedeln. Man kann die Wege sogar mit besonders gewünschten Arten einsäen. Sobald es aber nicht erwünscht ist, dass die Wege sich begrünen, dann muss darüber nachgedacht werden, wie der sich spontan einstellende Bewuchs wieder entfernt werden kann. Näheres finden Sie auf Seite 120.

Raue Wegeoberflächen

Rustikal und ländlich wirken Wege und Plätze, deren Oberflächen rau sind. Das muss aber nicht heißen, dass diese Wege unbequem zu begehen sind oder dass Tische und Stühle auf einem mit Natursteinpflaster befestigten Sitzplatz wackeln. Fachgerecht verlegt, sind auch solche Flächen ziemlich eben, wenn auch nicht so glatt wie Flächen aus Betonpflaster, Klinkerpflaster oder Platten. Wenn wir selber einen Sitzplatz bauen, kommt es natürlich auf unser Geschick an, ob der Terrassentisch hinterher wackelt. Deshalb sollten wir das Pflastern bei den Wegen erst einmal üben, bevor wir die Sitzplätze in Angriff nehmen. Die Wegebaumaterialien der rauen Wegeoberflächen sind natürlichen Ursprungs, deshalb passen sie sehr gut in Naturgärten.

Natursteinpflaster

Vor der Erfindung des Betonpflasters wurden die meisten Wege mit Natursteinpflaster befestigt. Es gab dafür sogar den speziellen Handwerksberuf des Pflasterers. Aber nicht jeder hatte das Geld, Pflasterer zu bezahlen. Bauern pflasterten meist ihre Hofeinfahrten mit den Feldsteinen, die sie auf ihren Feldern fanden, selbst.

Eigentlich haben Menschen schon immer Böden mit Natursteinen befestigt. In Bilzigleben in Thüringen wurde beispielsweise ein runder Platz mit 9 m Durchmesser gefunden, der vor 400 000 Jahren mit Steinplatten sorgfältig ausgelegt wurde. So wie das Herstellen von Werkzeugen aus Stein und das Aufsetzen von Trockenmauern gehört auch das Pflastern mit Naturstein zu den ältesten handwerklichen Fertigkeiten des Menschen. Natursteinpflaster sind, richtig verlegt, auch unglaublich haltbar: Bei Ausgrabungen werden immer wieder jahrtausendealte Pflasterbeläge ans Licht geholt. Das ist doch eine Ermutigung, es einmal selbst zu versuchen!

Natursteinpflaster nehmen beim Verlegen die eine oder andere Ungenauigkeit nicht übel. Sie benötigen keine exakt abgezogene Bettung (wohl aber exakt hergestellte Tragschichten darunter). Da sie etwas uneben sind, fallen kleinere Unebenheiten nicht sehr auf, sie sind deshalb – in gewissen Grenzen – »fehlerfreundlich«. Aber wie bei allen Wegeoberflächen muss das Gefälle stimmen und es sollten sich keine Pfützen bilden. Auch mit weiten Fugen bleiben Natursteinpflaster stabil und können deshalb zu artenreichen Lebensräumen entwickelt werden.

Allerdings: Mit schmalen Absätzen ist es eher unangenehm, über ein Natursteinpflaster mit weiten Fugen und buckeliger Steinoberfläche zu gehen. Je größer die Pflastersteine und je weiter die Fugen sind, desto unbequemer ist es auch, auf ihnen mit schmalen oder kleinen Rädern zu fahren. Wir sollten also die zu erwartenden Nutzungen bedenken, bevor wir uns für eine Pflasteroberfläche entscheiden.

Pflastersteine gibt es in verschiedenen Größen: Mosaikpflaster, Kleinpflaster und Großpflaster. Je größer das Pflaster, desto dicker ist im Durchschnitt die Bettung, also die Schicht Pflastersand, die auf der Tragschicht aufgebracht wird, und desto weiter sind die Fugen.

Pflastersteine werden meistens im Steinbruch auf das gewünschte Maß gespalten. Die beiden Zahlen der Sortierung geben an, zwischen welchen Maßen die Kantenlängen der Steine (in Zentimeter) liegen.

Natursteinpflastersortierungen und ihre Eigenschaften

Sortierung	Größensortierung in cm	Dicke der Bettung in cm	Weite der Fuge in mm	Ergiebigkeit (m^2 / 1 t Steine)
Mosaikpflaster	3/5	3 – 4	4 – 8	10
	4/6	3 – 4	4 – 8	8,5
	5/7	3 – 4	4 – 8	7,5
Kleinpflaster	7/9	3 – 4	6 – 12	5,5
	8/11	3 – 4	6 – 12	4,8
	8/10	3 – 4	6 – 12	4,8
	9/11	3 – 4	6 – 12	4,4
Großpflaster	11/13	4 – 6	8 – 20	3,7
	13/15	4 – 6	8 – 20	3,3
	15/17	4 – 6	8 – 20	2,7
	14/20	4 – 6	8 – 20	2,4

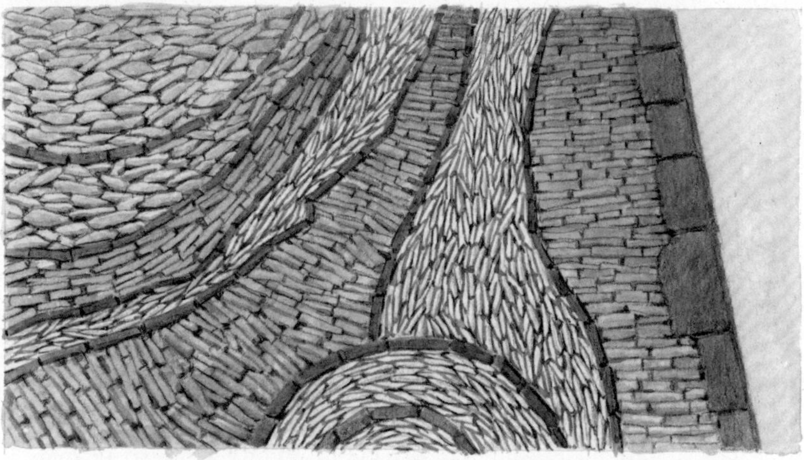

Kieselsteine lassen sich überall dort zu fantasievoll gepflasterten Wegen verlegen, wo unebene Wege nicht stören. Damit sie auf Dauer stabil bleiben, müssen aber vor allem kleine Kieselsteine korrekt gesteckt werden.

Eine Besonderheit ist das sogenannte »Katzenkopfpflaster«, das aus Kieselsteinen hergestellt wird und deshalb sehr bunt ist. Es war früher das »Pflaster der Könige«, Auffahrten zu Schlössern und Landsitzen wurden daraus gebaut. Aber letztendlich ist dieses edle Pflaster doch auch verwandt mit den Feldsteinpflastern der Bauern, die ebenfalls aus Kieseln, wenn auch nicht von dieser gleichmäßigen Größe, hergestellt wurden.

Vor allem in Asien und Südeuropa sind Pflaster aus kleinformatigen Kieselsteinen, gerne zu ornamentalen und gegenständlichen Mosaiken gelegt, beliebt. Auch in unserem Garten können auf diese Weise fantasievolle Wegeoberflächen entstehen. Je kleiner die Steine sind, desto wichtiger ist, dass sie korrekt verlegt werden, worauf der alte Name »Steckkieselpflaster« schon hinweist. (Mehr dazu auf Seite 98.)

Überall dort, wo keine ausgesprochen ebenen Wege nötig sind, können Wege aus Kieselsteinen einem Naturgarten ein individuelles Gesicht geben.

Holzpflaster

Das Holzpflaster scheint auf den ersten Blick mit dem Steinpflaster verwandt zu sein. Statt der harten Pflastersteine werden Stammabschnitte aus Holz verlegt, die Zwischenräume werden mit Sand oder Splitt verfüllt. Das hat auf den ersten Blick Vorteile: Holz ist ein hautsympathisches, warmes Material, über das man auch gerne barfuß gehen mag. Außerdem ist es ein nachwachsender Baustoff. Stammabschnitte mit einem Durchmesser von etwa 10 cm, also in der Dimension von Pflastersteinen, sind zudem preiswert zu haben.

Aber Holz hat zwei entscheidende Nachteile: Es »arbeitet«. Holz schrumpft und dehnt sich aus, je nach Temperatur und Feuchtegehalt. Dadurch hat Holzpflaster die Tendenz, sich zu lockern. Außerdem ist Holz ein vergängliches Material, Insekten und andere Tiere, Pilze und Bakterien nutzen es als Lebensraum und Nahrung. Die im Naturgarten geschätzte und geförderte Eigenschaft von Holz, ein Lebensraum für die vielen spezialisierten Totholzbewohner zu sein, beeinträchtigt im Fall des Holzpflasters die Funktionsfähigkeit als Wegebelag. Je dauerhafter die Holzart ist, desto länger wird der Weg begehbar sein. Wenn ein Weg mit Stammstücken gepflastert werden soll, dann bieten sich vor allem Robinien- und Eichenholz (ohne Rinde und Splint) an. Vor allem Robinienholz ist im Erdkontakt auch ohne Imprägnierung lange haltbar.

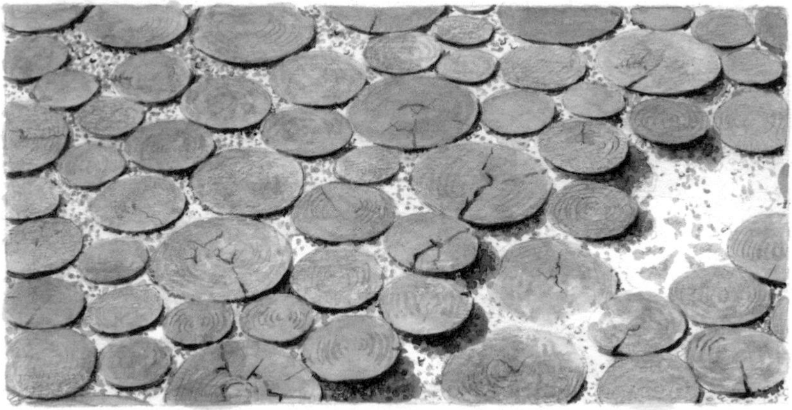

Holzpflaster ist auch umso dauerhafter, je weniger die Fläche der Witterung ausgesetzt ist. In der Einfahrt zur Residenz in Bamberg gibt es beispielsweise einen überdachten Bereich, in dem sich ein 300 Jahre altes Holzpflaster befindet. Auf diesem Belag machten die Pferdewagen weniger Lärm, wenn sie darüberfuhren. Die Fläche ist aber auch durch Türen vor Regen geschützt. Ansonsten ist Holzpflaster nur auf Wegen interessant, auf denen Unebenheiten kein Problem oder vielleicht sogar erwünscht sind, wie bei Fußfühlpfaden.

Rindenmulch und Holzhäcksel

Wird das Holz nicht als Pflaster eingesetzt, sondern als klein geschreddertes Material verwendet, fällt die Tatsache, dass Holz »arbeitet«, nicht mehr negativ ins Gewicht. Flächen, die mit Holzhäcksel belegt sind, haben eine weiche und federnde Oberfläche. Man geht auf ihnen ausgesprochen angenehm. Es gibt Hersteller, die den Holzhäcksel in einem besonderen Verfahren so auffasern, dass sich die einzelnen Holzstückchen verhaken und eine mattenartige Struktur entsteht. Dann kann man sogar mit dem Fahrrad oder mit Rollstühlen darauf fahren, allerdings nicht sehr schnell.

Der zweite Nachteil der Materialien aus Holz, die Vergänglichkeit, kann im Naturgarten bei Holzhäckselwegen durchaus erwünscht sein. Holzbewohnende Larven von Käfern können hier neue Lebensräume finden. Wege, die auch als Lebensraum für Totholzbewohner dienen sollen und nicht dauerhaft sein müssen, werden ohne Unterbau einfach auf den Boden aufgeschüttet. Weil das Material so rasch abgebaut wird, muss in regelmäßigen Abständen, meist einmal im Jahr, nachgefüllt werden. Für untergeordnete Wege und in Gärten, in denen viel Holzhäcksel aus Schnittgut anfällt, ist das eine gute Alternative.

Im Grunde kann jedes Häckselgut von Ästen und Baumstämmen dafür genommen werden. Behandeltes Holz ist jedoch Sondermüll und hat im Naturgarten nichts zu suchen, auch nicht gehäckselt. Die Kompostierung wird gefördert – das heißt, das Häckselgut verrottet schneller, wenn es sich um Holz mit Blättern handelt. Je harziger (Nadelgehölze) das Holz ist, desto länger dauert der Kompostierungsprozess.

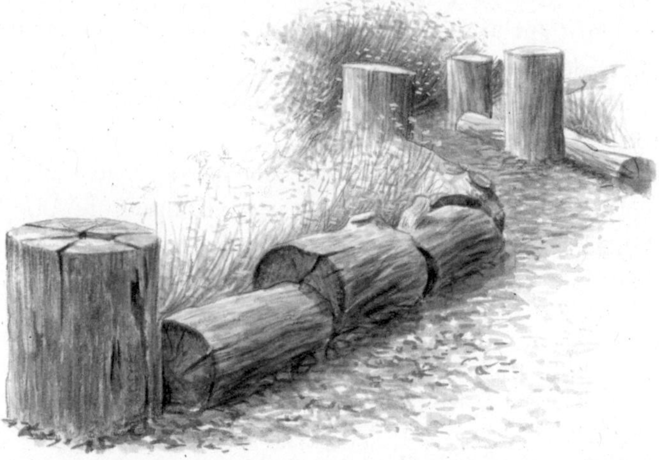

Holzhäckselwege sind eine gute Möglichkeit, im Garten Lebensräume für Totholzbewohner zu schaffen. Da sie vergänglich sind, werden sie mit geschreddertem Schnittgut regelmäßig wieder aufgefüllt. Gelegte und aufgestellte Stücke von Baumstämmen passen als gestalterische Elemente gut dazu.

Manche Gehölze wie Thuja enthalten Stoffe, die das Pflanzenwachstum hemmen. Solche Materialien sollten nicht in der Nähe von empfindlichen Stauden ausgestreut werden.

Besondere Vorteile haben aufgestreute Wege unter Bäumen: Einmal erinnert Holzhäcksel an die Laubdecke der Waldböden. Zum anderen muss kein Boden ausgekoffert werden und so können auch keine Wurzeln geschädigt werden. Das Durchtrennen von Wurzeln schädigt den Baum immer, je nach Größe der beeinträchtigten Wurzelfläche kann der Baum sogar als Folge langsam absterben. Sogar die Standfestigkeit kann beeinträchtigt werden: Werden für den Wegebau Haltewurzeln (dicke Wurzeln, die den Baum im Boden verankern) in einem Abstand von weniger als 2,50 m vom Baumstamm durchtrennt, besteht die Gefahr, dass der Baum bei einem Sturm umfällt.

Die meisten Baumarten tolerieren aufgestreuten Holzhäcksel ohne Probleme, nur Rotbuchen sind auch dafür zu empfindlich.

Wenn der Wegebelag länger erhalten bleiben soll, dann ist eine wasserableitende Tragschicht notwendig. (Mehr dazu auf Seite 84.)

Blumenschotterrasen

Der Blumenschotterrasen ist der Liebling der Naturgärtner. Mit dieser Bautechnik lässt sich die gewünschte Funktion des Weges oder Platzes mit dem Schaffen von Lebensräumen für Tiere und Pflanzen ideal kombinieren. Hier leben die immer seltener werdenden Arten, die an nährstoffarme, trockene Standorte angepasst sind. Die Flächen werden aus Schotter hergestellt, deshalb können sie für beliebige Belastungen gebaut werden, sei es für Fußgänger, Tische und Stühle oder für Autos und Lastwagen. Durch die Einsaat mit speziellen Wildsamenmischungen entwickeln sie sich zu einer grünen Fläche mit vielen bunt blühenden, niedrig bleibenden Blumen, an denen wir viele interessante Insekten beobachten können. Je nach Nutzungsintensität ähnelt diese Fläche einem normalen Rasen (seltener genutzt) oder einem Feldweg mit fast vegetationsfreien Spuren (häufig begangen oder befahren). Gestalterisch bieten solche Wege in der Regel nicht die deutliche Linienführung, die Wegeoberflächen bieten, die sich nicht zu einer gleichmäßig begrünten Fläche entwickeln. Sie sind eher wie eine Rasenfläche zu behandeln. Linien, die das Auge führen können, sind dann die Einfassungen der Schotterrasenfläche. Aber auch Intarsien aus Polygonalplatten oder Pflaster können Haltepunkte für das Auge bieten.

Die Blumenschotterrasen sind eine Sonderbauweise im naturnahen Garten. Beim konventionellen Schotterrasen wird versucht, auf einem Schotterunterbau einen Rasen zu entwickeln, der einem normalen Spiel- oder Zierrasen ähnelt, also möglichst viel Gras enthält. Deshalb wird hier oft in die oberste Bodenschicht normale Erde zugemischt. Das führt immer wieder dazu, dass es in der obersten Bodenschicht zu Verdichtungen kommt, ja sogar zu Staunässe, was wiederum die Pflanzen schädigt.

Im naturnahen Garten bauen wir den Blumenschotterrasen ausschließlich aus Schotter auf, ohne Erde beizumischen, und säen ihn mit Wildpflanzen ein, die auf solchen Standorten gut wachsen. So gewinnen beide: Der Weg ist belastbar und die Pflanzen werden nicht durch luft- und wasserdichte Bereiche geschädigt. Nur einem englischen Rasen wird der Blumenschotterrasen nie ähneln, eher einer blütenreichen Magerwiese in einem Naturschutzgebiet.

Rasengittersteine aus Beton oder Klinker

Aus dem Bestreben, Wege oder Stellplätze zu befestigen und doch versickerungsoffen zu halten, wurden Gittersteine aus Beton und Klinker entwickelt. Es handelt sich um Platten, die auch in größerer Stärke hergestellt werden können (12 cm) und dann sehr stabil und tragfähig sind. Attraktiv und schön wirken mit Rasengittersteinen befestigte Flächen aber selten. Da braucht es schon eine pfiffige Gestaltung, indem man sie zum Beispiel mit Naturstein kombiniert.

Leider werden sie oft so verlegt, dass der Rasen kaum eine Chance hat, zu wachsen. Die großen Aussparungen sind aber auch eine Möglichkeit, dort viele schöne einheimische Wildpflanzen anzusiedeln. Wenn die Flächen nur selten befahren werden, kann man die strengen Muster der Aussparungen sogar dazu nutzen, formale »Beete« mit geeigneten Pflanzen wie Färberkamille oder Lavendel anzulegen.

Manchmal sind Rasengittersteine auch die einzige bezahlbare Möglichkeit, um sehr steile Hänge vor Erosion zu schützen, auch dann sollten wir sie mit möglichst hohen Stauden wie ein Beet bepflanzen. Wichtig ist nur, die richtigen Materialien für Tragschicht, Bettung und Füllung der Aussparungen zu benutzen (siehe Seite 99).

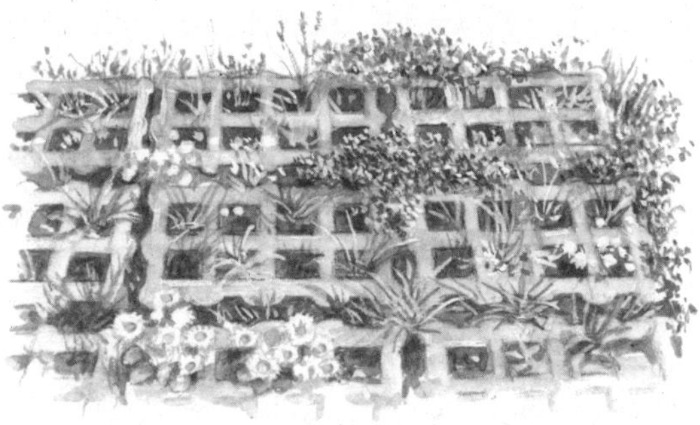

Mageres Substrat und eine Blumenschotterrasenmischung machen es möglich: Auch Rasengittersteine aus Beton oder Klinker lassen sich naturnah begrünen. Werden Stellflächen nur selten befahren, können hier auch Färberkamille, Wiesensalbei oder Pfirsichblättrige Glockenblume blühen.

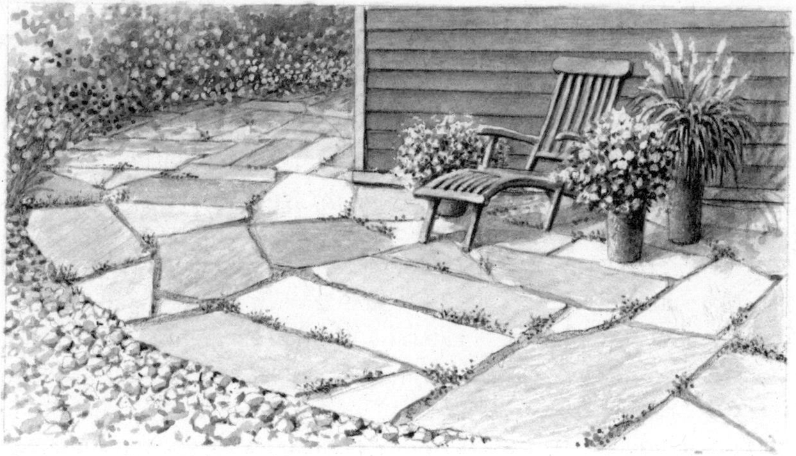

So passen Wegematerial und Gartenstil zusammen

Das Konzept des naturnahen Gartens ist nicht an einen besonderen Gartenstil gebunden. Wohl aber passen einzelne Wegequalitäten besonders gut zu bestimmten Stilen.

Einleuchtend ist, dass gerade Wege einfacher aus Materialien hergestellt werden, die ebenfalls gerade Begrenzungen haben. Eine Terrasse mit rechtwinkliger Begrenzung kann einfach mit rechtwinkligen Platten belegt werden. So müssen nur wenige Platten geschnitten werden.

Die unregelmäßigen Polygonalplatten eignen sich dagegen besonders für eine Fläche mit einer gebogenen Begrenzungslinie. Aus Natursteinpflastersteinen mit ihren unregelmäßigeren Kanten können leichter geschwungene Wegeverläufe gebaut werden als aus rechtwinkligen Beton- oder Klinkersteinen.

Je kühler und moderner ein Gartenkonzept ist, desto besser passen großformatige Plattenbeläge und hochwertige Natursteinpflaster dazu. Für einen Garten, dessen Elemente organisch geformte Begrenzungslinien haben und der vielleicht wenige und unregelmäßige Strukturen hat, die das Auge leiten, bieten sich eher unstrukturierte Wegeoberflächen wie wassergebundene Wegedecken, Holzhäckselwege oder Blumenschotterrasen an.

Aber manchmal ist es auch besonders reizvoll, mit Kontrasten zu spielen, die Blumenschotterrasenfläche mit klar begrenzten Plattenbelägen abwechseln zu lassen oder einen Polygonalplattenweg durch eine Fläche aus Rechteckplatten oder Rechteckpflaster hindurchzuführen.

Wie wähle ich nun aber das Material für meine Wege aus? Das ist vielleicht einfacher als es jetzt erscheint. Wichtig ist vor allem, dass das Material den Nutzern gefällt. Die Wahl eines Steinmaterials ist oft eine emotionale »Bauchentscheidung« und das ist auch gut so, denn die Wege sollten uns für eine sehr lange Zeit gefallen. Suchen Sie in Steinhandlungen, Steinbrüchen, Mustergärten, aber auch mithilfe von Zeitschriften oder Büchern nach dem Material, dass Ihnen am besten zusagt.

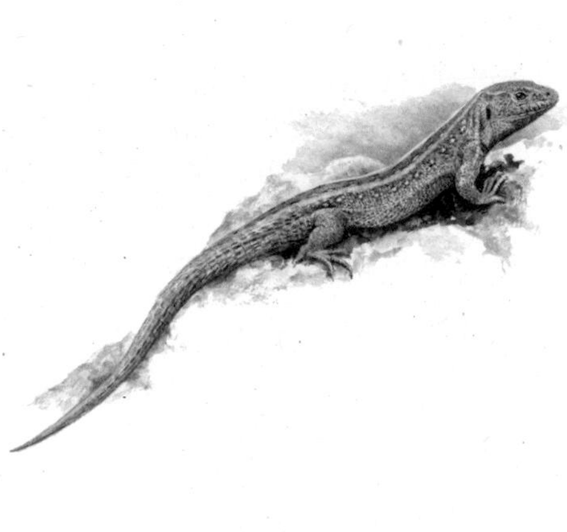

Die ersten Schritte auf der Baustelle

Wegebau ist ein größeres Bauprojekt. Wie bei allen größeren Projekten ist es nicht ratsam, sich die Materialien zu besorgen und einfach mal anzufangen. Vorüberlegungen sind anzustellen und Vorbereitungen zu treffen. Je gründlicher wir den konkreten Bauablauf vorher in der Theorie durchdenken und vorplanen, desto flüssiger geht er später von der Hand und desto weniger unliebsame Überraschungen werden wir erleben. Dabei empfiehlt es sich, mit besonderer Sorgfalt die Höhen des neuen Weges zu planen und auf der Baustelle zu markieren.

Wann können Wege gebaut werden?

Gehölze werden am besten im Herbst gepflanzt, Teiche baut man am besten im späten Frühjahr. Für viele Arbeiten im Garten gibt es besonders geeignete Zeiten – gilt das auch für den Bau von Wegen?

Eigentlich können Wege und Plätze gebaut werden, solange die Temperatur über dem Gefrierpunkt liegt. Allerdings gibt es einige weitere Aspekte zu bedenken.

Manche Böden werden stark geschädigt, wenn sie in nassem Zustand bearbeitet werden. Nehmen Sie einmal etwas Erde aus Ihrem Garten in die Hand und zerreiben sie zwischen den Fingern. Krümelt der Boden oder schmiert er? Boden darf nur dann bearbeitet werden, wenn er krümelt. Besonders Böden mit Schluffanteil (das sind Bodenteilchen mit einer Korngröße, die zwischen Sand – grob – und Ton – sehr fein – liegt) sind da sehr empfindlich. Kies- und Sandböden sind dagegen recht unempfindlich.

Der Untergrund unter den Wegen, das Planum, muss verdichtet werden. Dies darf nur geschehen, wenn der Boden des Untergrundes in krümelfähigem Zustand ist. Je nach Region und Bodenverhältnissen wird irgendwann im Herbst der Punkt gekommen sein, zu dem der Bau von Wegen nicht mehr möglich ist, entweder ist der Boden zu feucht oder der Boden ist gefroren. Im Frühjahr kommt dann irgendwann der Moment, an dem die Temperaturen wieder über dem Gefrierpunkt liegen und der Boden genügend abgetrocknet ist, sodass er wieder bearbeitet werden kann. Wir werden also in der wärmeren Jahreszeit arbeiten, am besten zwischen März/April und Oktober/November.

Welche Arbeitsausrüstung wird benötigt?

Viele der Werkzeuge, die wir zum Bauen benötigen, sind in einem normal bestückten Werkzeugkeller und Gartenhaus zu finden. Aber Arbeit geht mit gutem Spezialwerkzeug besser und schneller von der Hand und macht dann einfach mehr Spaß. Bei größeren Flächen lohnt sich deshalb die Anschaffung von Profiwerkzeug.

Zum Ausmessen kleiner Flächen eignen sich **Zollstock, Maßband** und **Wasserwaage.** Besonders praktisch sind Wasserwaagen, die in eine Latte eingebaut sind, die man auch in einen rechten Winkel umklappen kann.

Lange, gerade **Richtlatten** helfen uns, Gefälle und Ebenflächigkeit auch auf längeren Strecken zu messen. Richtlatten bestehen aus stabilem Aluminium und bleiben dauerhaft gerade. Kurze, gerade Latten können auch dazu benutzt werden, um die Bettung von Beton- und Klinkerpflaster und Plattenbelägen im exakten Gefälle abzuziehen.

Für das Bestimmen der Höhen und des Gefälles lohnt es sich bei größeren Bauvorhaben, bei einem Baumaschinenverleiher einen **Nivellierer** (siehe Seite 72) auszuleihen.

Damit gerade Pflasterfugen von Beton- oder Klinkerpflaster auch wirklich gerade werden, haben sich lange, gerade **Winkelprofile** aus Metall als Abstandshalter und Richtungslehren bewährt.

Wir brauchen außerdem sogenannte **Schnurnägel,** um die Begrenzung der Wegefläche und auch das Gefälle der Oberfläche dauerhaft zu markieren. Das sind Stahlstangen mit einem Durchmesser von ungefähr 2 cm mit einem spitzen Ende. Sie können mit einem **Fäustel,** einem schweren Hammer, gut in den Boden eingeschlagen werden und sind dann so fest, dass sie nicht so leicht umgetreten werden können. Ersatzweise kann auch Armierungsstahl verwendet werden, der in Stücke von etwa 1 m Länge gesägt wird.

Zum Markieren von Höhen an den Schnurnägeln brauchen wir dann noch **Wachskreide** (gelbe Kreide wird besonders gut gesehen) und **Maurerschnur.** Außerdem haben sich **Markiersprays** bewährt, um den Wegeverlauf anzuzeigen.

Für das Auskoffern des Untergrundes brauchen wir Geräte zum Graben und zum Abtransport des Aushubs. Bei kleineren Flächen reicht eine gute **Spatenschaufel** und eine **Schubkarre.** Spatenschaufeln wurden in Amerika entwickelt, mit ihnen lässt sich recht schnell arbeiten. Mit einem Spaten kann man nämlich nur die Erde gut abstechen, beim Herausheben muss man sich tief bücken und die Erde rutscht dann meist auch noch vom Spatenblatt herunter. Anderseits kann man mit einer Schaufel lockeres Material zwar gut aus Vertiefungen herausheben, aber nicht so gut abstechen. Die Spatenschaufel hat ein kräftiges, spitzes Blatt, das oben umgebogen ist, sodass man mit dem Fuß beim Einstechen nachhelfen kann. Der Schaft ist gebogen und so kann die gesamte abgestochene Erde leicht herausgehoben werden.

Bei größeren Flächen lohnt es sich, einen **Kleinbagger** zu leihen oder den Boden von einer Fachfirma ausbaggern zu lassen. Die Fachleute können das Planum dann auch gleich im richtigen Gefälle anlegen.

Alle Schichten eines Wegeaufbaus müssen gut verdichtet werden. Bei sehr kleinen Flächen reicht es, mit einem **Handverdichter** zu arbeiten. Das ist eine schwere Stahlplatte, die an einer Stange mit Griff befestigt ist. Das Gerät immer wieder hochzuheben und auf den Untergrund fallen zu lassen, ist aber auf die Dauer recht anstrengend. Daher ist es viel besser, bei einem Baumaschinenverleih eine **Rüttelplatte** oder einen **Grabenstampfer** zu mieten

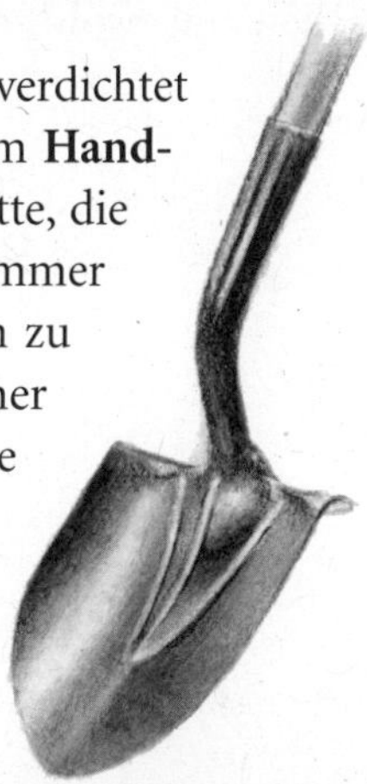

Die Spatenschaufel verbindet die
Vorteile von Spaten und Schaufel.

oder den Unterbau des Weges von einer Fachfirma herstellen zu lassen und nur die Pflasterarbeiten selbst durchzuführen.

Natursteinpflaster in großen Formaten müssen nach dem Pflastern nicht noch einmal abgerüttelt werden. Nach dem Erstellen der Tragschicht folgt nur noch Handarbeit.

Ein **Schonhammer,** ein schwerer Gummihammer oder ein Fäustel mit einem Gummivorsatz, wird dazu benötigt, um Platten satt auf die Bettung zu setzen.

Nicht alle Steine können so eingesetzt werden, wie sie geliefert wurden, der eine oder andere Stein muss bearbeitet werden. Für Platten eignen sich **Trennschleifer.** Natursteine werden mit **Spalteisen** von Hand bearbeitet.

Dort, wo mit Natursteinen gepflastert wird, ist die Luft erfüllt vom hellen Klang der **Pflasterhämmer,** mit denen die Steine ins Bett eingeschlagen werden. Es gibt für die verschiedenen Pflastersteingrößen jeweils angepasste Pflasterhämmer. Großpflaster kann auch mit einer **Pflasterramme** eingeschlagen werden, die im Stehen bedient wird.

Ein traditioneller **Pflasterhocker,** ein Holzteller mit einem Bein, erleichtert das Arbeiten bei größeren Flächen.

Robuste Arbeitskleidung ist selbstverständlich; wenn Steine bearbeitet werden, dann sollten wir auch eine **Schutzbrille** zur Hand haben. Beim Bau von Wegen arbeiten wir viel am Boden. Wir müssen also viel auf hartem Untergrund knien, **Knieschoner** helfen unseren Knien, diese ungewohnte Belastung zu überstehen.

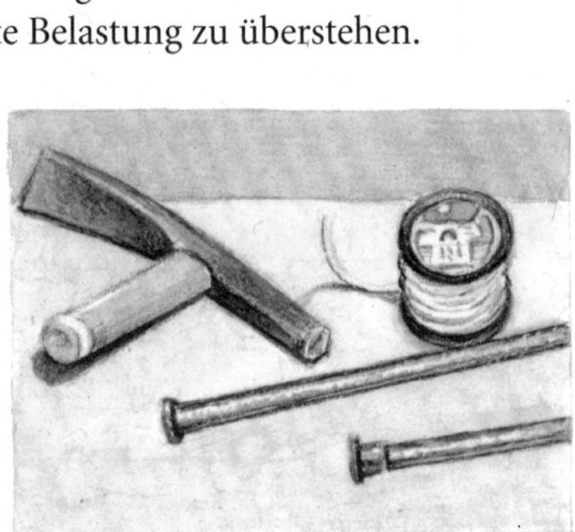

Pflasterhammer, Schnurnägel und Maurerschnur gehören zur Grundausstattung.

Entwässerung und Gefälle

Wege sind dazu da, um möglichst trockenen Fußes von A nach B zu kommen. Stehendes Wasser verhindert das. Auch wenn Kinder (und manche Erwachsene) sehr gerne mit Gummistiefeln in Pfützen herumpatschen: Pfützen machen einen Weg nicht nur schlechter nutzbar, sie haben vor allem die unangenehme Eigenschaft, ständig zu wachsen, sowohl in ihrer Tiefe als auch in ihrer Ausdehnung. Nach einiger Zeit ist dann aus einer Pfütze ein tiefes Schlagloch geworden. Warum eigentlich? Unter einer Pfütze ist das Wegebaumaterial wassergesättigt – selbst versiegelte Wegeoberflächen haben an der Stelle der Pfütze eine Vertiefung, sind also an dieser Stelle zumeist schadhaft. Diese Wassersättigung bewirkt ein Aufweichen der Wegebauschichten. Wenn dann das Wasser bei Frost gefriert, bilden sich Eislinsen im Wegeunterbau. Da Eis ein größeres Volumen hat als Wasser, führt das zu einem weiteren Auflockern des Weges. Das aufgelockerte Wegematerial kann den Belastungen nicht standhalten – und schon ist die Pfütze größer und tiefer geworden.

Das heißt: Wasser darf nicht auf dem Weg stehen, sondern muss ablaufen. Dafür muss jeder Weg an jeder Stelle ein Gefälle aufweisen. Dabei sollte das Wasser möglichst die kürzeste Strecke nehmen. Wege haben deshalb immer ein Gefälle quer zur Wegerichtung, damit das Wasser seitlich ablaufen kann.

Ein Längsgefälle kann das Quergefälle nicht ersetzen, denn lange Fließstrecken führen durch Erosion auch zu Schäden am Weg. Je stärker das Längsgefälle ist, desto kürzer sollten die Fließstrecken sein, das Wasser sollte so rasch wie möglich seitlich ablaufen und im Erdreich versickern können. Bei starkem Längsgefälle muss also auch das Quergefälle erhöht werden.

Je rauer die Wegeoberfläche ist, desto stärker muss das Gefälle sein, damit das Wasser auch abläuft. Für einen Fußweg, der als Schotterrasen angelegt wurde, genügt ein Quergefälle von 1 %, das heißt, der Weg muss über eine Länge von 1 m seitlich 1 cm abfallen. Bei einem mit rauem Naturstein gepflasterter Weg sollten es hingegen 3 cm je Meter (3 % Gefälle) sein. Das Gefälle von wassergebundenen Wegedecken darf 6 % nicht überschreiten.

Mindestgefälle von Wegen und Plätzen

Nutzung	Material	Mindestgefälle*
Fußwege		
	Schotterrasen	1 %
	Betonpflaster, -platten	2 %
	Klinker, Naturstein mit glatter Oberfläche	2,5 %
	wassergebundene Wegedecken	2,5 % (aber höchstens 6 %)
	Naturstein, bruchrau	3 %
	Naturstein, bruchrau, sehr eben verlegt	2 %
Garagenauffahrten		
	Schotterrasen	1 %
	Betonpflaster, -platten	2,5 %
	Klinker, Naturstein mit glatter Oberfläche	2,5 %
	Naturstein, bruchrau	3 %

(* quer zur Richtung)

Bevor wir mit dem Bau unserer Gartenwege anfangen, sollten wir das Gefälle der Flächen planen. Dabei ist das richtige Gefälle nicht nur wichtig, damit unsere Wege auch über lange Zeit Bestand haben. Wir sollten das Regenwasser, das von unseren Wegen abläuft, auch dahin lenken, wo es keinen Schaden anrichtet. Kurz gesagt: Wasser wird immer vom Haus weg geführt. Am besten wird es in seitlich liegende Vegetationsflächen geleitet. Die angrenzenden Flächen sollten auch kein gegenläufiges Gefälle aufweisen (Kontergefälle). Sonst entsteht an der Grenze zwischen Weg und Beeten ein schlammiger Wassergraben.

Wenn das Wasser nicht problemlos auf seitliche Pflanzflächen geleitet werden kann, muss das Wasser in eine Rinne oder einen Ablauf geführt werden. Dafür bietet der Fachhandel Haus- und Hofabläufe und Entwässerungsrinnen an. Diese werden vor dem Pflastern in der richtigen Höhe auf ein Betonfundament gesetzt, damit sie nicht absinken können.

Das Wasser, das in die Abläufe gelangt, darf nur dann in die Kanalisation eingeleitet werden, wenn der Bebauungsplan dies erlaubt und wenn die Schachtdeckel und die Einläufe auf der Straße, in die

die Abwasserrohre verlegt sind, unter der Höhe des Einlaufes liegen. Ansonsten besteht nämlich die Gefahr, dass das Abwasser bei Starkregen zurückstaut und aus der Rinne oder dem Gully auf unseren Wegeflächen an die Oberfläche gelangt.

Am besten wird die Entwässerung an eine Versickerungsmöglichkeit, beispielsweise eine Sickermulde oder eine Rigole, angeschlossen.

Besonders wichtig und in den entsprechenden Normen zwingend vorgeschrieben sind Entwässerungsrinnen auch, wenn vor Außentüren keine Stufe nach unten geht, der Ausgang also ebenerdig und barrierefrei in den Garten führt. Hier besteht nämlich die Gefahr, dass Wasser durch die Tür ins Haus eindringt, weil sich das Regenwasser, das an der Fassade herunterläuft, bei Starkregen an der Tür stauen kann. Bei höheren Fassaden können dies erhebliche Mengen sein.

Wegebau in Zeiten des Klimawandels: Notwasserwege bedenken

Die Menschheit hat es (noch?) nicht geschafft, das Steigen des Kohlendioxidgehalts der Atmosphäre zu bremsen oder gar zu stoppen. Der Klimawandel ist längst eine Realität. Bei uns in Mitteleuropa müssen wir uns auf immer häufigere und stärkere Starkregenereignisse einrichten. Wir sollten uns deshalb bei der Planung von Wegen und Plätzen, aber auch bei der Planung des gesamten Gartens Gedanken machen, wo sich das Regenwasser, das bei Starkregen nicht mehr versickern kann, sondern oberirdisch stehen bleibt oder abläuft, in unserem Garten sammeln oder wohin es ablaufen soll. Denn es darf sich nicht in unserem Keller sammeln oder zum Haus hin ablaufen!

Bei Gärten am Hang sollte das Gefälle so geführt werden, dass die Wassermassen seitlich am Haus nach unten geführt werden, bei Gärten in der Ebene sollte in einiger Entfernung vom Haus eine Vertiefung im Garten ausgebildet werden, vor allem, wenn es Kelleraußentreppen oder ebenerdige Ausgänge gibt. (Siehe dazu auch die Abbildung auf Seite 68.)

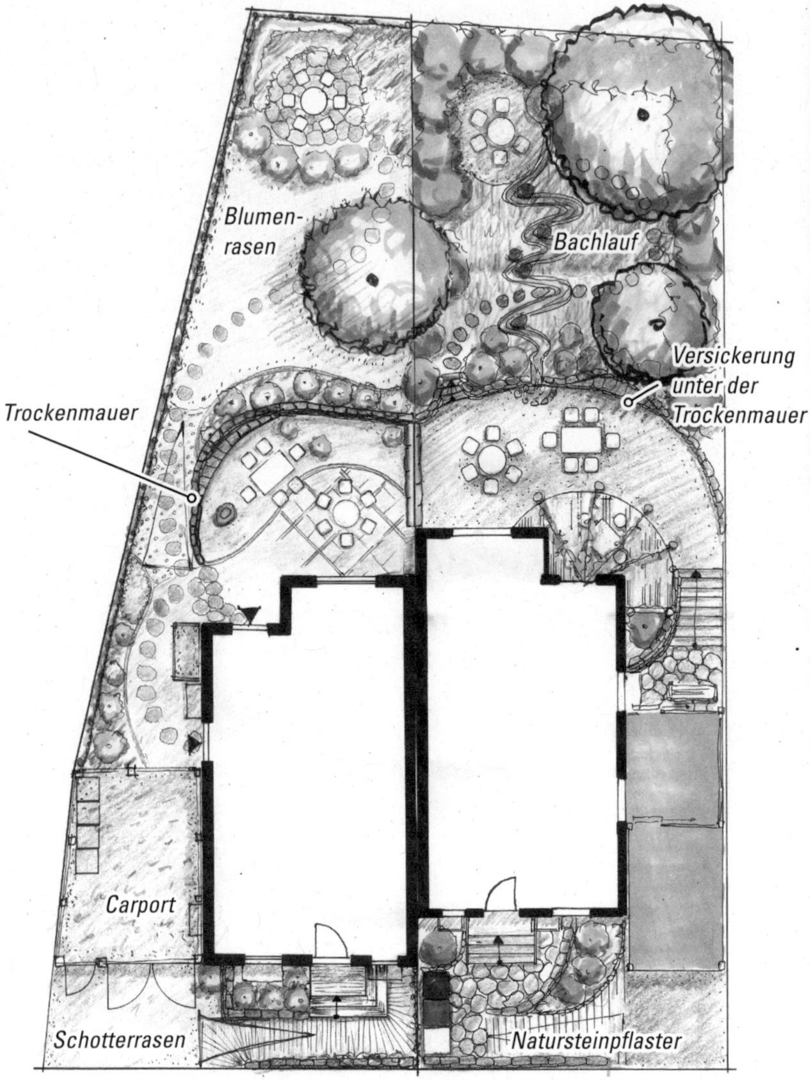

Diese beiden benachbarten Gärten liegen an einem recht steilen Hang, der auf die Terrassentüren zu läuft. Da ist es besonders wichtig, dass das Gefälle der Terrassen vom Haus wegführt. Der Unterbau der Trockenmauern dient gleichzeitig als Versickerungsrigole. Die seitlichen Wegebereiche führen dann noch an der Oberfläche laufendes Wasser seitlich am Haus vorbei und auf die Straße.

Höhen und Gefälle bestimmen

Es ist schlichtweg unmöglich, Höhen mit Augenmaß zu bestimmen. Ein leichtes Gefälle bis etwa 5 % – also einen Höhenunterschied von 5 cm auf 1 m – nehmen wir immer noch als eben wahr, vor allem bei größeren, gleichförmigen Flächen, zum Beispiel einem Rasen. (Mehr zum Gefälle auf Seite 65.) Wenn wir ohne Messung und Planung der Höhen einen Weg bauen, kann das ein böses Erwachen geben. Eine Pfützenlandschaft ist noch die harmlosere Variante, Wassereinbrüche an der Kellertreppe oder im Wohnzimmer sind schon bedeutend unangenehmer.

Höhen müssen deshalb vor dem Anlegen des Weges gemessen, vor dem Bau geplant und beim Bau kontrolliert werden. Eine Ausnahme bilden nur Trittplattenwege und in gewissem Umfang auch untergeordnete Wege aus Rindenmulch. Hier versickert das Wasser annähernd so gut wie auf der Vegetationsfläche, die vorher dort war. Wenn es vorher keine Probleme gab, dann wird es nach der Umgestaltung auch keine neuen Schwierigkeiten geben.

Die Höhen eines Garten einmessen: Das klingt komplizierter, als es ist. Der Feind der Wege ist nämlich unser Freund beim Wegebau: das Wasser – hier in Form der Wasserwaage. Eine Flüssigkeitsoberfläche ist nämlich immer eben, und das ohne Ausnahme. Das weiß jeder, der einmal einen Teich gebaut hat und sich hinterher über die Höhenunterschiede am Teichrand gewundert hat.

Zum Bestimmen der Höhen gibt es drei Hilfsmittel: lange Latten in Kombination mit einer Wasserwaage, eine Schlauchwaage oder ein Nivellierer. Dabei wird immer mithilfe einer Flüssigkeit eine virtuelle horizontale Ebene über die Fläche gelegt. Dann kann von dieser Ebene aus die Abweichung nach oben oder unten bestimmt werden.

Um später eine bessere Vorstellung vom Höhenverlauf auf unserem Grundstück zu bekommen, werden am einfachsten alle Höhen in Relation zur Höhe des Erdgeschossfußbodens beschrieben. Eine Höhe +0,45 bedeutet dann beispielsweise eine Lage, die 45 cm über dem Fußboden im Erdgeschoss des Hauses liegt.

Höhen mit der Richtlatte bestimmen

Richtlatten sind bis zu 4 m lang. Manchmal werden sie schon mit eingebauten »Libellen« geliefert. So werden die kleinen gebogenen Glasröhrchen genannt, die mit grüner Flüssigkeit gefüllt sind. Darin schwimmt eine Luftblase, die sich aufgrund des Auftriebes immer am höchsten Punkt befindet. Wenn die Latte exakt horizontal beziehungsweise vertikal ausgerichtet ist, dann befindet sich die Luftblase genau zwischen zwei Markierungen.

Im Grunde sind Richtlatten mit eingebauten »Libellen« einfach lange Wasserwaagen. Wenn wir keine solche Richtlatte anschaffen oder leihen können, reicht aber auch ein wirklich gerades, langes Brett und eine darauf gelegte kleine Wasserwaage. Entlang von später im Plan gut auffindbaren und einzuzeichnenden Linien können wir dann, vom Erdgeschossfußboden ausgehend, unsere Latte horizontal ausrichten und die Höhen bestimmen, indem wir den Abstand von der Unterkante der Latte bis zum Boden mit dem Zollstock messen.

Man kann übrigens oft schon einige Höhenmaße direkt auf dem Grundstück ablesen: Sockellinien von Häusern oder die Fugen von Klinkerfassaden liegen ja (meistens) genau horizontal und so können die Geländehöhen am Haus direkt ohne jedes Hilfsmittel gemessen werden. Auch exakt horizontal eingebaute Zaunelemente (mit Wasserwaage kontrollieren!) können zum Bestimmen der Höhen an der Geländegrenze genutzt werden, sie entsprechen quasi einer dauerhaft eingebauten Kette von Richtlattenmessungen.

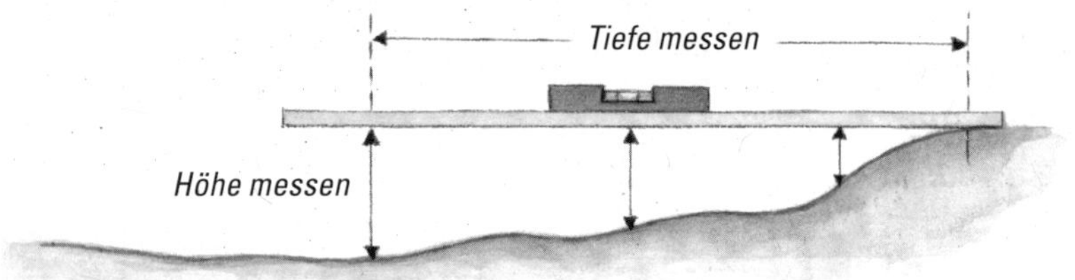

Mit der Wasserwaage wird ein Brett genau horizontal ausgerichtet. Dann kann der Abstand zwischen Unterkante des Bretts und Boden gemessen werden.

Höhen mit der Schlauchwaage bestimmen

Über längere Distanzen mithilfe von Latten Höhen zu messen, ist mühsam. Außerdem hat jede einzelne Messung eine Messungenauigkeit. Je öfter die Latten hintereinander angelegt werden müssen, um den Wert einer längeren Strecke zu ermitteln, desto ungenauer kann dieser Punkt nur bestimmt werden. Da hilft die Schlauchwaage. Sie kann mit einem Gartenschlauch und zwei durchsichtigen Röhren einfach hergestellt werden. Statt der Plastikrohre kann man aber auch einen Trichter nehmen. Wichtig ist nur, dass man zwei Gefäße verwendet, die oben und unten offen sind und auf denen man Markierungen für den Stand der Wassersäule anbringen kann. Der Schlauch wird mit Wasser gefüllt, nach dem Prinzip der kommunizierenden Röhren gleichen sich die Flüssigkeitsspiegel in den beiden Gefäßen an. Die Oberkanten der Wassersäulen sind daher in den beiden Röhren immer auf derselben Höhe. Die Markierungen an den beiden Röhren oder Trichtern werden genau an derselben Stelle angebracht. Direkt nebeneinander gehalten, kann das kontrolliert werden.

Wenn wir nun durch den Garten gehen, kann leicht der Höhenunterschied zwischen den beiden Enden des Schlauches bestimmt werden. Am besten wird das eine Ende an einer Stelle befestigt, die gut wiederzufinden ist, zum Beispiel die Klinke an einer Außentür. Oder ein Helfer hält eines der Enden der Schlauchwaage an einen solchen

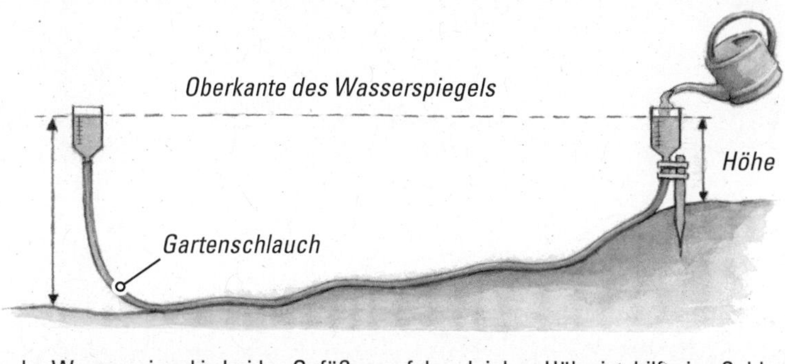

Da der Wasserspiegel in beiden Gefäßen auf der gleichen Höhe ist, hilft eine Schlauchwaage bei längeren Distanzen, die Höhen im Gelände zu bestimmen. Der Höhenunterschied zwischen beiden Punkten ergibt sich aus der Differenz der beiden Werte.

genau markierten Punkt, zum Beispiel so, dass der Wasserspiegel bzw. die Markierungen genau 1 m über dem Fußboden des Erdgeschosses an einer Tür ist. Jetzt können wir durch unseren Garten gehen. Da die Oberkanten der Wassersäulen in den beiden Röhren immer auf 1 m Höhe sind, kann nun an jeder Stelle die Geländehöhe bestimmt werden, indem der Abstand des Wasserspiegels in der Schlauchwaage zum Boden gemessen wird. Beträgt er in unserem Beispiel 80 cm, dann liegt der Punkt 20 cm höher als der Erdgeschossfußboden. Beträgt er 1,50 m, dann liegt dieser Punkt 50 cm unter dem Niveau des Erdgeschosses.

Höhen mit dem Nivellierer bestimmen

Ein Nivellierer besteht entweder aus einem auf einem Stativ befestigten Fernrohr oder aus einem rotierenden Laser, der auf einem Stativ befestigt ist. Fernrohr beziehungsweise Laser werden mithilfe einer Libelle so ausgerichtet, dass die Rotationsebene exakt in der Waage, also horizontal liegt. Wenn man nun durch das Fernrohr (das ein Fadenkreuz besitzt) auf einen vertikal gehaltenen Zollstock oder eine Messlatte schaut oder eine Messlatte in den Strahl des Lasers hält, so liegt das Fadenkreuz oder der Lichtpunkt des Lasers immer auf derselben Höhe.

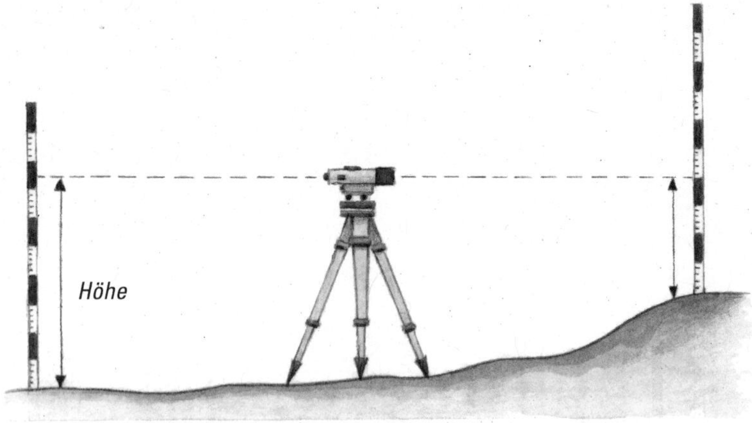

Der Nivellierer zeigt die horizontale Bezugsebene an. Davon ausgehend kann die Geländehöhe exakt ermittelt werden.

Die Messung selbst ist dann ähnlich wie bei der Schlauchwaage: Wir stellen eine Messlatte oder einen Zollstock auf den Boden des Erdgeschosses und lesen die Höhe, in der der Laser rotiert, oder die Höhe des Fadenkreuzes an der Messlatte – dort erscheint dann der Lichtpunkt – ab. Wenn ich dort zum Beispiel 149,51 ablese, dann rotiert mein Messstrahl 149,51 cm über dem Boden des Erdgeschosses. Nun wird an den Stellen, deren Höhen wir messen möchten, die Messlatte oder der Zollstock ebenfalls senkrecht auf den Boden gestellt. Wenn dann der Lichtpunkt des Lasers bei 159,33 aufleuchtet, dann liegt dieser Punkt 159,33 cm – 149,51 cm = 9,82 cm tiefer als der Boden des Erdgeschosses.

»Viel hilft viel« – die Dicke des Wegeaufbaues bestimmen

Je höher die Belastung ist, desto stabiler muss der Weg gebaut werden. Aber wodurch wird ein Weg stabil? Warum halten manche mittelalterlichen Pflaster auch heute noch klaglos allen Belastungen stand, während manch moderner Belag schon nach wenigen Jahren schadhaft wird und lose Steine die Benutzbarkeit der Fläche stark einschränken? Das Geheimnis der Dauerhaftigkeit liegt in der Dicke des Wegeaufbaus – und, da die Deckschicht in ihre Dicke ja nur wenig variiert, in der Höhe der Tragschicht.

Je schwerer die Last, desto dicker wird der Weg gebaut. Je großzügiger die Tragschichten bemessen werden, desto haltbarer ist der Weg.

Ein gutes Beispiel für die Dauerhaftigkeit von großzügigen Wegeaufbauten sind die Straßen des Römischen Reiches. Ohne diese Straßen hätte das römische Militär sich nicht so schnell von einem Ort zum anderen bewegen können, die Beherrschung des riesigen Römischen Reiches wäre also ohne sie nicht möglich gewesen. Der Gesamtaufbau einer römischen Heeresstraße war bis zu 1 m dick! Solche Straßen halten tatsächlich »ewig«, wenn sie nicht willentlich abgebaut werden. Dort, wo sie nicht als Steinbruch genutzt, überdeckt oder abgebaggert wurden, sind sie heute noch funktionsfähig. Nur die Steine der

Deckschicht sind dort geschädigt, wo sie jahrhundertelang genutzt wurden. Aber Frost, Bodenfeuchtigkeit und Belastungen kann ein Straßenaufbau dieser Stärke ohne Veränderung (er-)tragen.

Beim Bau der römischen Straßen wurde ein Heer von Sklaven und Zwangsarbeitern eingesetzt. (Die Bewohner angrenzender Siedlungen wurden dazu gezwungen, beim Bau mitzuarbeiten.) Ein Kubikmeter Aushub und natürlich auch ein Kubikmeter Wegebaumaterialien je Quadratmeter Wegefläche, das kann sich heute niemand mehr leisten! Auch aus Gründen des Umweltschutzes wäre dieser Ressourcenverbrauch nicht zu verantworten. Andererseits sind jedoch Wege, die in kurzen Abständen renoviert oder neu gebaut werden müssen, weder wirtschaftlich noch umweltfreundlich. Wählen wir also im Zweifelsfall die haltbarere Lösung!

Profis berechnen die Dicke des Gesamtaufbaus im Straßenbau nach verschiedenen Regelwerken für den Straßenbau. Für Gartenwege gibt es vereinfachte zusätzliche Technische Vertragsbedingungen (FLL ZTV Wegebau 2013, siehe dazu auch den Literaturtipp auf Seite 171), auf die sich die folgenden Angaben beziehen.

Die wichtigste Information bei dieser Berechnung ist die zu erwartende Belastung des Weges: Wird der Weg nur zu Fuß oder mit dem Fahrrad genutzt oder wird er auch befahren werden? Wie schwer werden die Fahrzeuge sein, die darauf fahren: Sind es nur Pkw oder gelegentlich auch einmal ein Lastwagen?

Zu dem errechneten Grundwert gibt es dann Abzüge und Aufschläge, je nachdem, wie hoch die Frostgefährdung der Fläche ist. Böden, die das Wasser gut speichern, wie Ton- oder Lehmböden, sind frostempfindlicher als Sand- und Kiesböden. Wege im Schwarzwald müssen mehr und strengere Fröste schadlos überstehen als solche in Norddeutschland. All dies gilt es zu berücksichtigen.

Mindestdicke des Gesamtaufbaus (Tragschicht und Deckschicht)

Bodenart	Gartenweg, fußläufig	Nutzung auch mit Pkw (Einfahrt, Stellplatz)	Nutzung auch mit Lkw (z. B. Einfahrt, auch für Heizöllieferung)
Untergrund frostunempfindlich, z. B. Sand- und Kiesböden ohne Schluff und Ton	27 cm	30 cm	32 cm
Untergrund frostempfindlich, z. B. feste Lehm- und Tonböden	30 cm	40 cm	40 cm
Untergrund besonders frostempfindlich, vor allem Lössböden	30 cm	50 cm	50 cm

Im öffentlichen Bereich werden auch Fußwege immer mit Mindestdicken von 30 cm gebaut, da dort mit gelegentlichen Überfahrten zu rechnen ist. Zu diesem Grundwert kommen Zu- und Abschläge, davon sind für Gärten relevant:

- Trag- oder Frostschutzschicht aus Kies statt aus Schotter: + 5 cm
- Region mit mittleren Frösten (Mittelgebirgsregionen): + 5 cm
- Region mit starke Frösten (Harz, Siegerland, Schwarzwald, Bayerischer Wald, Oberbayern): + 15 cm

Eine Garagenzufahrt in Norddeutschland über tragfähigem Tonboden mit gelegentlicher Benutzung durch einen Lkw braucht also eine Gesamtaufbauhöhe von 40 cm, wenn die Tragschicht aus Schotter besteht. In Oberbayern sind es, wegen der höheren Frostgefahr bei den gleichen Baumaterialien 15 cm mehr! Dabei wird die Erhöhung der Dicke allein über die Aufbaustärke der Tragschicht erreicht.

Wird die bei diesem Beispiel genannte Garagenzufahrt als Blumenschotterrasen mit einer Deckschicht aus 12 cm Kalkschotter (Körnung 0/32) angelegt, muss in Norddeutschland die Tragschicht 28 cm dick werden, in Oberbayern 43 cm dick.

Wenn sich nun ergibt, dass eine Tragschicht von mehr als 30 cm notwendig ist, kann auch zweischichtig gearbeitet werden: Eine Tragschicht aus hohlraumarm zu verdichtendem Schotter in der Dicke von 15 cm wird auf einer sogenannten Frostschutzschicht eingebaut. Diese muss keine so hohe Qualität haben, kann also auch gut aus Kies bestehen.

Bei der Bestimmung der Aufbauhöhe, also der Dicke des Weges oder Platzes, wird davon ausgegangen, dass die einwirkenden Lasten direkt von der Wegeoberfläche gleichmäßig verteilt werden. Dies ist bei Natursteinpflasterbelägen aber nicht der Fall. Hier werden die Kräfte in der Pflasterfläche kaum seitlich weitergeleitet. Deshalb ist es bei Natursteinpflasterbelägen sicherer, die Dicke, die nach der Tabelle auf Seite 75 errechnet wurde, als Dicke der Trag- und Frostschutzschichten anzunehmen, vor allem, wenn sie häufiger belastet werden. Die Dicken des Pflasters und der Bettung kommen dann noch dazu. Bei einem Fußweg in einem Garten in Norddeutschland auf frostsicherem Boden sollte die Tragschicht unter einem 9 cm hohen Kleinpflaster, das in 3 cm Bettung gesetzt wird, also nicht 15 cm, sondern 27 cm dick sein. Der Boden muss dann 39 cm tief ausgekoffert werden.

In den Baunormen sind diese Besonderheiten des Natursteinpflasters nicht berücksichtigt. Das erklärt vielleicht, warum Natursteinpflasterflächen, vor allem im öffentlichen Raum, manchmal recht schnell uneben werden.

Mindestdicke der Frostschutz- und Tragschicht

Warum ist die Aufteilung in Frostschutzschicht und Tragschicht erst ab etwa 30 cm Schichtdicke möglich? Um dauerhaft zu bleiben, müssen eingebaute Schichten eine Mindestdicke haben, die ungefähr dem Dreifachen des Größtkorns entspricht. Bei einem Schotter mit der Körnung 0/32 sind das 12 cm, bei 0/45 sollten es 15 cm sein und bei einer Körnung von 0/56 mindestens 18 cm.

Jetzt wird gebaut

Nun sind alle vorbereitenden Arbeiten abgeschlossen. Wir haben genau geplant, wo und in welcher Höhe unser Weg verlaufen soll. Nun geht es daran, das benötigte Werkzeug auf die Baustelle zu schaffen, die Materialien anliefern zu lassen, die Ärmel hochzukrempeln und loszulegen.

Wege können aus vielen verschiedenen Materialien gebaut werden. Und obwohl Wege so unterschiedlich aussehen, werden sie doch (fast) alle nach demselben Prinzip gebaut:

- Zuerst wird das Gefälle bestimmt, zumeist der vorhandene Boden ausgehoben (»ausgekoffert«).
- Dann wird der Grund des ausgekofferten Bereiches unter Berücksichtigung des Gefälles der späteren Deckschicht planiert (so entsteht das »Planum«).
- Darauf folgen Frostschutz- und Tragschichten aus Schotter oder Kies und die Deckschicht, die eigentliche Wegeoberfläche, die später begangen oder befahren wird.
- Oft werden die Materialien der Deckschicht in oder auf ein Bettungsmaterial gelegt, meist ein feinerer Sand oder Splitt, der das genaue Verlegen von Platten oder Pflaster ermöglicht. Die einzelnen Lagen werden in den meisten Fällen mit der Rüttelplatte, dem Grabenstampfer oder dem Handstampfer verdichtet. Nur Großpflaster und Plattenbeläge werden nicht »abgerüttelt«. Sie werden gleich in der angestrebten Endhöhe eingebracht.

Um Natursteinpflaster zu verlegen, wird der Untergrund zuerst ausgehoben, im Gefälle verdichtet und mit einer Tragschicht aus Schotter oder Kies versehen.

Wegeverlauf und Höhen abstecken

Der Wegeverlauf und der Aufbau des Wegs wurde geplant, die Höhe des vorhandenen Geländes bestimmt und die Höhen der Wegeoberfläche festgelegt. Nun wird es ernst:

Als Erstes wird der Wegeverlauf in unserem Garten mit Markierspray eingezeichnet. Danach können wir den neuen Weg schon »sehen«. Gefällt uns das so? Wenn ja, dann werden die Ränder des Weges dauerhaft markiert, indem Schnurnägel in den Boden geschlagen werden.

Wie können wir aber einen auf dem Plan gezeichneten Weg ins Gelände übertragen? Am einfachsten ist das mit einer Rechtwinkelbemaßung: Wir suchen zunächst Kanten auf unserem Grundstück, die unveränderbar sind, das wird zum Beispiel die Hauskante sein oder der Zaun an der Grundstücksgrenze. Auf dem Plan zeichnen wir dann

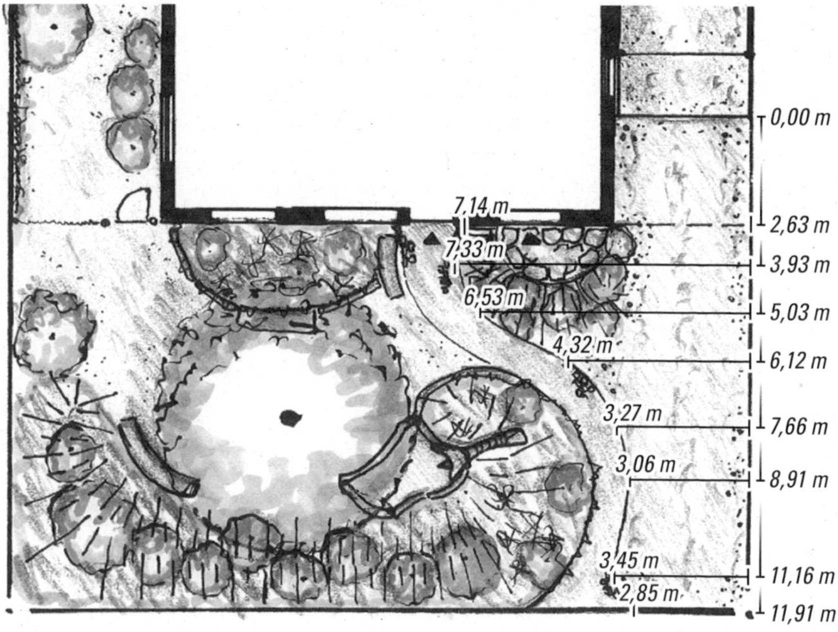

Die Rechtwinkelbemaßung erlaubt es, den im Plan gezeichneten Weg ins Gelände zu übertragen. Hauswände oder Zäune sind gute Orientierungspunkte.

von diesen Kanten ausgehend jeweils im rechten Winkel Linien zu der Wegekante. Diese Punkte sind dann im Gelände einfach einzumessen und mit den Schnurnägeln zu markieren.

Nachdem die Ränder der Wegefläche nun festgelegt sind, können auch schon die Höhen angezeigt werden. Die geplanten Höhen des Weges werden mit Nivellierer, Messlatte oder Schlauchwaage bestimmt und an den Schnurnägeln angezeichnet.

Wenn der Weg zum Beispiel 2,5 % Quergefälle aufweisen soll und die Geländeoberkante am oberen Rand des Weges ans vorhandene Gelände anschließen soll, dann wird von diesem Punkt mit einer Latte die Horizontale in Richtung des Gefälles bestimmt. Ist der Weg beispielsweise 1,50 m breit, dann liegt der tiefere Rand des Weges 1,5 mal 2,5 cm, also 3,8 cm (eigentlich 3,75 cm) tiefer. Diese Höhe wird an den Schnurnägeln mit Wachskreide markiert.

Falls das vorhandene Gelände an der tieferen Kante des Weges jetzt zu hoch ist, muss es angepasst, also abgeflacht werden, das Wasser soll ja über diese »Schulter« in den angrenzenden Vegetationsflächen versickern und sich nicht am Wegrand stauen.

Das Planum errichten

Während im konventionellen Wegebau die Deckschicht oft mehr oder weniger wasserdicht ist, bevorzugen wir im Naturgarten versickerungsoffene Wege. Das Wasser dringt also durch Deck- und Tragschichten hindurch bis auf das Planum, das durch Ausgraben und Verdichten des Bodens errichtet wird. Da das Planum meist weniger wasserdurchlässig ist als die Wegebaumaterialien, muss gewährleistet sein, dass auf ihm das Sickerwasser auch seitlich abfließen kann.

Das Planum ist also die wasserführende Schicht. Deshalb sollte sorgfältig darauf geachtet werden, dass es dasselbe Gefälle wie die Deckschicht aufweist. Wenn das Planum nicht eben ist und/oder kein Gefälle aufweist, dann können sich unter den Trag- und Deckschichten unterirdische Pfützen bilden. Bei Temperaturen unter 0 °C bilden sich dann Eislinsen, die durch ihre Ausdehnung den Weg auflockern.

Wie kann nun aber das Planum in diesem exakten Gefälle ausgehoben und verdichtet werden? Um die Höhen kontrollieren zu können, werden Schnüre über die Wegefläche gespannt, die dem geplanten Gefälle entsprechen. Dafür werden die gemessenen Höhen an den Schnurnägeln mit Kreide markiert. Wenn dann Schnüre von Markierung zu Markierung über die Fläche gespannt werden, ist der Höhenverlauf gut zu erkennen. Manchmal ist es praktischer, die Schnüre nicht an den Markierungen an den Pflasternägeln zu befestigen, sondern etwas höher, zum Beispiel immer 10 cm höher. Wenn der Wegeaufbau dann beispielsweise eine Dicke von 27 cm haben soll, das Planum also 27 cm unter der Wegeoberfläche liegt, dann muss an jeder Stelle unter der Schnur genau 37 cm Platz sein.

Der Boden wird dann auf der gesamten Fläche entlang der Schnüre entsprechend der angezeigten Höhen ausgegraben. Anschließend wird der Untergrund mit einer Rüttelplatte oder einem Grabenstampfer, bei kleinen Flächen auch mit einem Handverdichter, eingeebnet und verdichtet. Wenn wir dann eine Richtlatte und oder ein Brett über die Fläche legen, können wir erkennen, ob das Planum schön eben ist, damit später keine unterirdischen Pfützen entstehen können.

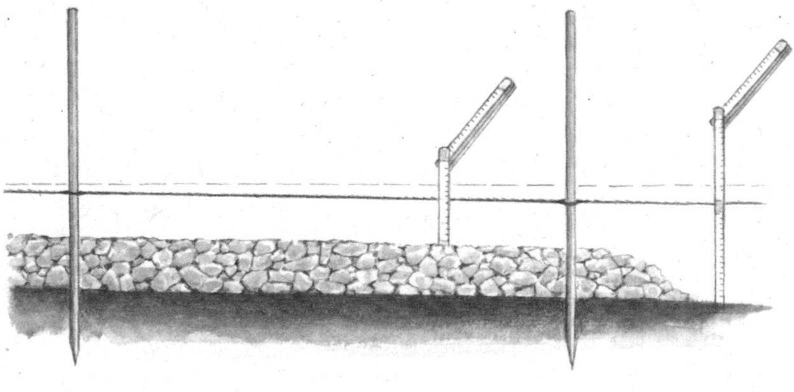

Die höhengerechte Lage von Planum und Tragschicht kann von der zwischen den Pflasternägeln gespannten Schnur aus gemessen werden.

Der Trick mit dem Knoten

Beim Abstecken der Fläche ist es wichtig, dass die Schnur straff gespannt ist und dauerhaft auch an der richtigen Stelle befestigt werden kann. Wir nutzen dazu die alte Technik des »Pflasterer-Knotens«: Die Schnur wird zweimal um den Schnurnagel gewickelt, dann wird die Schnur gespannt und über die Umwicklung gelegt. Durch die Spannung fixiert die über der Umwicklung liegende Schnur die untere, ohne dass ein echter Knoten geknüpft werden muss. Die Schnur kann auch leicht wieder gelöst werden.

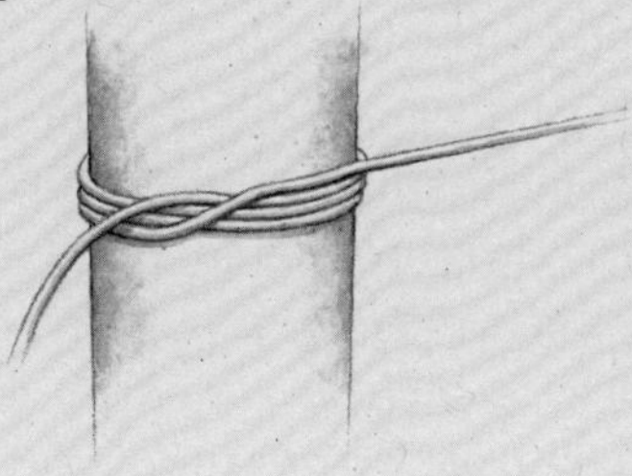

Tragschichten einbauen

Auf dem fertigen Planum wird nun Schotter oder Kies mit Schubkarre und Schaufel eingefüllt und im selben Gefälle wie bei Planum und Deckschicht verdichtet. Schotter besteht aus gebrochenem Stein, durch die scharfen Kanten verhaken sich Schottermaterialien besonders gut. Er ist deshalb tragfähiger als die von den Flüssen abgerundeten Kiesel im Kies.

Schotter ist zwar teurer als Kies, dafür können die Tragschichten, die daraus gebaut werden, dünner sein als Tragschichten aus Kies. Die Kostenunterschiede relativieren sich dadurch teilweise wieder.

Die Dicke der Tragschicht hängt von der zu erwartenden Nutzung und damit von der Gesamtaufbauhöhe ab. Wenn der Unterbau dicker als 15 cm sein muss, kann die untere Lage auch aus sogenanntem Frostschutzmaterial gebaut werden, das preiswerter ist, weil es auch bindige Anteile, d. h. lehmige und tonige Erde, enthalten darf. Wenn es sich um Frostschutzkies handelt, muss die Schichtdicke allerdings erhöht werden (siehe dazu auch Seite 75).

Auf den Durchmesser kommt es an: Schotter und Kiese

Wie wir gesehen haben, brauchen wir für den Wegebau Schotter, Splitt, Sand und Kies. Was verbirgt sich nun hinter diesen Bezeichnungen? Kurz gesagt: mehr oder weniger kleine oder große Steine. Sie stammen entweder aus Kiesgruben oder aus Steinbrüchen. Die Kiese und Sande, die in Kiesgruben aus der Erde geholt werden, wurden durch Flüsse oder Gletscher, meist in der letzten Eiszeit, an ihren jetzigen Ort gebracht. Die einzelnen Steine und Steinchen sind deshalb vom Wasser rund geschliffen. In Steinbrüchen dagegen werden große Steine aus dem Fels gebrochen und in Brechwerken weiter zerkleinert. Die Steinchen haben durch den Brechvorgang scharfe Kanten.

Die Materialien werden dann Schotter, Splitt und Brechsand genannt. Sie werden für die verschiedenen Zwecke in darauf angepassten »Körnungen« hergestellt. Diese werden durch zwei Zahlen gekennzeichnet, wobei die erste Zahl das kleinste Korn und die zweite Zahl das größte vorkommende Korn in mm bezeichnet. Ein Schotter mit der Körnung 0/32 enthält staubfeine Bestandteile bis zu Steinen der Größe 32 mm. Die größere der beiden Zahlen gibt die Weite des Siebes in mm an, das die Steine noch durchlässt. Durch ein Sieb mit einer Maschenweite von 32 mm passen natürlich auch Steine, die 25 mm im Durchmesser haben, aber 40 mm lang sind.

Mit der Zeit werden die Siebe in den Mischanlagen schadhaft und so kann das Wegebaumaterial einen gewissen Anteil an zu großen Steinen, Überkorn genannt, enthalten. Er darf jedoch nicht mehr als 10 bis 15 % betragen. Welche Körnungen ein Kies- oder Schotterwerk liefern kann, hängt von der vorhandenen Siebanlage ab. So kann nicht jedes Werk jede Körnung liefern.

Gebrochenes Material ist bautechnisch runden Materialien meistens überlegen. In Gegenden, wo es keine Steinbrüche gibt, wird der Kies der Kiesgruben deshalb auch gebrochen. So entstehen Brechkies und Brechsand aus Kies. (Bezeichnungen von Kiesen und Schottern sind oft regionaltypisch, wichtig ist der Unterschied zwischen gebrochenem und rundem Material.) Bezeichnungen, gebräuchliche Körnungen und Beispiele für die Verwendung gibt die Tabelle auf Seite 83 wieder.

Mineralische Baustoffe und ihre Verwendung im Wegebau

Baustoffe	Beispiele lieferbarer Körnungen	Verwendung
Natursand	0/2	Bettungsmaterial im Hausgarten, besser ist Brechsand oder Splitt 0/5
Kies, Riesel	2/4, 4/8	als kapillarbrechende Bettungen von Pflaster, Klinker und Platten
Brechsand/Splitt	0/4 , 0/5, 2/5, 0/8, 0/16	gut als Bettungsmaterial und zur Fugenfüllung, vor allem für begrünte Fugen; grobe Körnungen bei weiten Fugen
Splitt	5/11, 11/22, 22/32	als Fugenfüllung bei weiten Fugen, wenn Begrünung unerwünscht
korngestufte Schotter	0/22, 0/32, 0/45, 0/56	ideal als Tragschicht und Tragdeckschicht (Schotterrasen) für begrünbare Wege
korngestufte Kiese	0/35	als Tragschicht und Frostschutzschicht
Frostschutzmaterial	0/16, 0/22, 0/32, 0/45, 0/56	minderwertiger als das Tragschichtmaterial (darf bindige Anteile enthalten)

Alle Schotter und Kiese werden entsprechend der geltenden technischen Regeln für bestimmte Zwecke hergestellt. Betonkies 0/35 hat eine andere Zusammensetzung als Kies 0/35 für Tragschichten.

Aber nicht nur die verschiedenen Korngrößen bestimmen die Eignung der Schüttgüter für den Wegebau, sondern auch die Widerstandsfähigkeit der Bestandteile gegenüber Belastung, Wasser oder Frost. Was als Stein geliefert wurde, soll unter den einwirkenden Kräften Stein bleiben und nicht in immer kleinere Stückchen zerspringen.

Die Qualität von Schottern und Kiesen wird also durch die Körnung, aber auch durch den Ausgangsstoff bestimmt. Insbesondere Kalkstein ist oft nicht frosthart genug. Wenn kalkhaltige Schotter, Kiese oder Sande unter Plattenbelägen verwendet werden, kann es außerdem zu Kalkausblühungen auf den Steinen kommen, weil in Trockenperioden Wasser kapillar von unten nach oben aufsteigt. An der Oberfläche verdunstet dann das Wasser und der darin gelöste Kalk bleibt als weißer Belag zurück.

Es ist wichtig, beim Bestellen der Schüttgüter die geplante Verwendung anzugeben. »Korngestufte Schotter für Tragschichten« werden dann auch gleich mit dem richtigen Wassergehalt geliefert.

Deckschichten

Die Deckschichten sind nun endlich das, was wir sehen und worüber wir gehen oder fahren. Wir haben die verschiedenen Materialien ab Seite 45 schon kennengelernt. Nachdem der Unterbau fertiggestellt wurde, können der Belag und das Bettungsmaterial eingebaut werden.

Holzhäcksel und Holzpflaster

Beim Holzhäckselweg wird eine mindestens 10 cm dicke Schicht aus Holzhäckseln auf die verdichtete Tragschicht geschüttet und ebenfalls noch einmal leicht verdichtet.

Holzpflaster wird ganz ähnlich wie Betonpflaster versetzt: Es wird eine Bettung aus Sand oder Splitt etwa 4 cm hoch aufgebracht und im Gefälle der Wegeoberfläche abgezogen (siehe Seite 90). Darauf werden dann die Holzabschnitte gelegt, die Fugen werden ebenfalls mit Sand oder Splitt verfüllt und dann noch einmal leicht verdichtet. Wichtig ist es, dass die Wegeoberfläche durch die Hirnholzseiten gebildet wird, das heißt, dass die Stammstücke quer zur Längsrichtung gesägt wurden. Durch die unterschiedliche Verwitterung der einzelnen Bereiche der Jahresringe entsteht dann eine griffige und nicht so rutschige Oberfläche. Damit die Pflasterfläche eben wird, müssen die Stammstücke exakt dieselbe Höhe haben. Je dauerhafter das verwendete Holz ist, desto dauerhafter wird auch der Weg sein. Eiche und Robinie sind hier besonders zu empfehlen. (Siehe dazu auch auf Seite 54.)

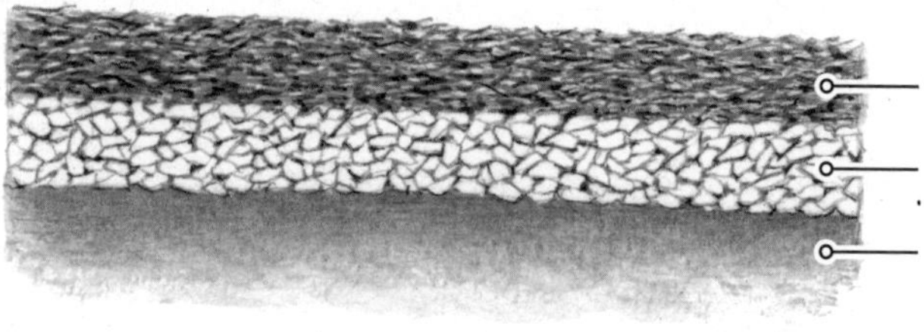

Wassergebundene Wegedecke – naturnahe Bauweise für Fortgeschrittene

Bei der wassergebundenen Wegedecke werden auf der Tragschicht eine oder mehrere (meist zwei) dünnere Schichten aufgebracht und hohlraumarm verdichtet. Das Erscheinungsbild ist zurückhaltend und »einfach«, ihr Bau erfordert jedoch die Erfahrung und die Geräteausstattung eines Profis. So werden die einzelnen Schichten am besten mit Walzen und nicht mit Rüttelplatten verdichtet.

Rüttelplatten kann man für kleines Geld ausleihen und noch in einem größeren Pkw transportieren, für eine Walze ist ein Lkw nötig. Auch braucht es Erfahrung, um korngestufte Schotter- oder Brechsand-Splitt-Gemische, die dafür benötigt werden, gut zu verdichten. Diese für den naturnahen Garten so geeignete Bauweise überlassen Sie deshalb am besten einem Fachbetrieb. Wenn Sie selbst aktiv werden möchten, bauen Sie Ihren Weg besser mit einer Deckschicht, bei der sich kleine Ungenauigkeiten nicht so unangenehm auswirken. Vor allem Blumenschotterrasen und Natursteinpflaster sind für Anfänger empfehlenswert.

Alle Schichten der wassergebundenen Wegedecke werden im selben Gefälle wie die Deckschicht verdichtet. Dadurch entsteht ein fester und feinkörniger Wegebelag. Durch die Abfolge von grobkörnigem zu feinkörnigem Material wird verhindert, dass sich die Wegematerialien durch die Benutzung vermischen.

Je feiner das Material ist, desto dünner ist die eingebaute Schicht. In der Regel beträgt die Dicke der Schicht ungefähr das Dreifache der größten Anteile der Schotter- oder Splittmischung.

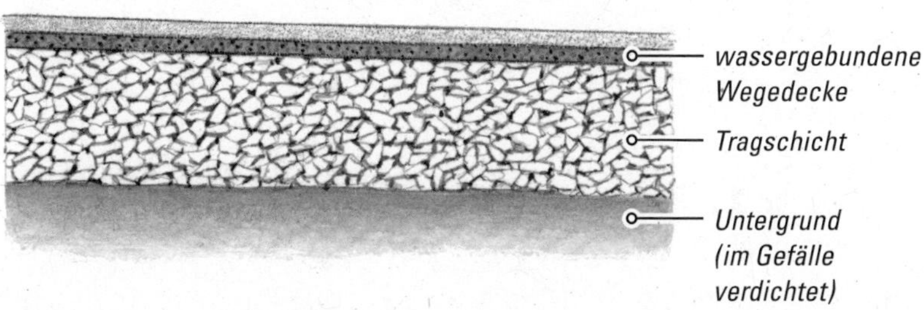

Spezielles Material für wassergebundene Wegedecken
Mischungen aus Brechsand, Splitt und Schotter werden in den Schotterwerken speziell für den Wegebau als »korngestufte Gemische« hergestellt und angeboten. Es gibt Firmen, die sich auf die Herstellung von Materialien für wassergebundene Wegedecken spezialisiert haben und sie in verschiedenen Qualitäten anbieten. Auch verschiedene Farben sind lieferbar, je nach der Gesteinssorte, die verarbeitet wird. Damit die unvermeidliche Abnutzung der obersten Schicht nicht sofort sichtbar wird, sollten die einzelnen Schichten aus Materialien derselben Farbe aufgebaut werden.

Die Verwendung von kalkhaltigen Materialien als Deckschichten bei wassergebundenen Wegedecken wird kontrovers diskutiert. Vor dem Einbau von Kalksplitt ist es empfehlenswert, nachzufragen, wie sich das Material unter den Einflüssen von Regen und Frost verhält.

Zur Herstellung und zur Analyse der Materialien werden Siebe genutzt. Deshalb heißt die Darstellung der verschiedenen Korngrößen in ihren Gewichtsanteilen »Sieblinie«. Um richtig eng miteinander verzahnt werden zu können, muss neben der korrekten Sieblinie des Materials auch noch der richtige Anteil an Wasser enthalten sein. Wenn das Material zu trocken ist, »staubt« es und lockert sich beim Verdichten immer wieder auf. Ist es zu feucht, entwickelt sich ein Schlamm, der sich auch nicht richtig zusammenpressen lässt.

Materialien für wassergebundene Wegedecken werden in der richtigen Zusammensetzung und im richtigen Wassergehalt vom Schotterwerk geliefert. Es ist deshalb wichtig, dass sie sofort nach der Lieferung auch verarbeitet werden und nicht noch längere Zeit gelagert und weitertransportiert werden. Durch die längere Lagerung auf der Baustelle oder auf dem Baustoffhof des Unternehmens verändert sich der Wassergehalt und es kommt zusätzlich auch leicht zu einer Entmischung der verschiedenen Steingrößen, sodass die Herstellung einer hohlraumarmen Schicht nur noch schwer möglich ist.

Das Gefälle einer wassergebundenen Wegedecke ist mit besonderer Sorgfalt zu planen (und herzustellen), denn diese Deckschicht wird besonders leicht durch Pfützen zerstört. (Mehr dazu auf Seite 65.) Traditionell werden wassergebundene Wege mit einem Dachgefälle gebaut, bei dem die Mittellinie des Weges höher ist als die beiden Seiten. Das Wasser fließt so zu den beiden Seiten nach rechts und links ab. Diese Bauweise ist dann besonders vorteilhaft, wenn das Gelände um den Weg relativ eben ist und das Wasser in den angrenzenden Vegetationsflächen gut versickern kann. Auch hier ist die Erfahrung eines Profis gefragt. Insgesamt ist es aber auch wichtig, dass das Wasser nicht zu schnell von der Fläche läuft, deshalb können nur Wege mit einem Gefälle unter 6 % in dieser Weise gebaut werden. Bei wassergebundenen Wegen darf das Gefälle nicht zu steil sein, da es sonst zu Erosionserscheinungen kommt: Unschöne Riefen entstehen, die Deckschichten werden weggespült und die Tragschicht wird sichtbar. Es darf aber auch keine Flächen geben, auf denen das Wasser stehenbleibt. Der Anschluss an feste Bauteile wie Treppen, Hofeinläufe und Entwässerungsrinnen ist hier besonders sorgfältig zu planen und zu bauen.

Auf der Tragschicht aus Schotter (0/45 oder 0/32) wird eine Übergangsschicht, die »dynamische Schicht«, mit einer feineren Körnung eingebaut. Bewährt hat sich eine 6 bis 8 cm dicke Schicht der Körnung 0/8 oder 0/16. Danach folgt eine noch feinere, 3 bis 6 cm dicke Schicht, die »Verschleißschicht«, zumeist mit der Körnung 0/5.

Als Oberflächenveredlung kann noch Splitt oder Kies ohne Nullanteile aufgebracht werden. Geeignet sind Körnungen wie 2/5 oder 4/16. Da keine Feinanteile enthalten sind, liegt dieses Material dann locker auf. Hier ist es wichtig, die Schichtdicke nicht zu dick zu wählen, damit man nicht einsinkt und keine Scherkräfte entstehen, die den Wegeaufbau zerstören. Wenige Zentimeter genügen. Ein »Kiesweg« besteht also nicht aus Kies, sondern ist eigentlich eine wassergebundene Wegedecke mit einer Kiesschicht darüber.

Nach dem Bau darf der neue Weg ein bis zwei Wochen nicht betreten werden. Die Materialien müssen noch abbinden. Bei trockenem Wetter sollte der Weg, ähnlich wie ein frisch eingesäter Rasen, feucht gehalten werden, z. B. mit dem Rasensprenger.

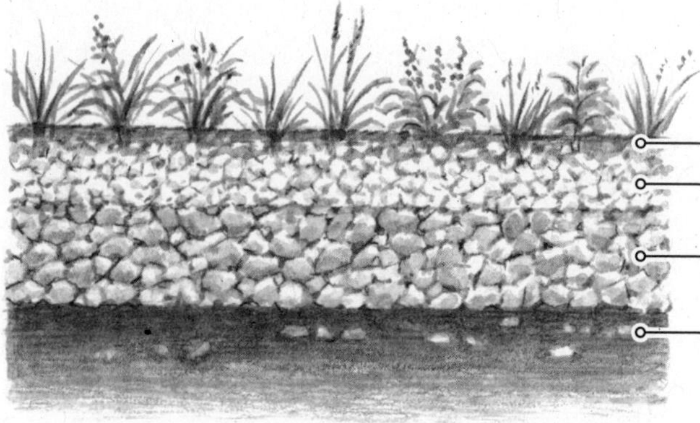

Kalkschotter als Deckschicht ermöglicht eine stabile Oberfläche. Saatgut für Blumenschotterrasen wird darauf ausgesät und angewalzt. Auch hier entscheidet die spätere Nutzung über die Höhe der Tragschicht.

Blumenschotterrasen für Wege und Plätze

Ein Blumenschotterrasen ist viel einfacher aufzubauen als eine wassergebundene Wegedecke. Hier wird die bei Naturgärtnern erwünschte Eigenschaft der wassergebundenen Wegedecken, sich zu begrünen, logisch weitergeführt. Die Wege und Plätze werden so gebaut, dass sie sich gut begrünen lassen.

Dazu wird eine in ihrer Dicke auf die Nutzung abgestimmte Tragschicht eingebaut, meist aus Schotter 0/45. Darauf kommt eine Deckschicht aus etwas feinerem Schotter. Besonders gut ist Kalkschotter, ein Schotter aus gebrochenem Kalkstein, geeignet. Kalkschotter bindet unter Wasserzugabe etwas ab, er ist »latent hydraulisch«, wie die Fachleute sagen. So entsteht, auch aus dem relativ groben Material, eine feste Oberfläche. Bewährt hat sich eine 10 cm dicke Schicht aus Kalkschotter in der Körnung 0/32. In die oberste Lage wird (als Saatbett) entweder vor dem Verdichten etwas Kompost in einer Schichtdicke von 0,5 – 4 cm eingearbeitet oder es wird nach dem Verdichten Kompost aufgebracht und angewalzt. Das Saatgut wird aufgestreut und ebenfalls angedrückt. (Wie eingesät wird, lesen Sie ab Seite 115.)

Beton- und Natursteinplatten

Für einen Weg oder Sitzplatz aus Beton- und Natursteinplatten wird zunächst eine Tragschicht, z. B. aus Schotter 0/32, mit dem passenden Gefälle hergestellt. Anschließend wird eine 3 bis 5 cm dicke Schicht aus Sand oder feinem Splitt aufgebracht. Diese wird mit einer Latte im geplanten Gefälle abgezogen. Am einfachsten ist das, wenn eine starre Einfassung vorhanden ist. Dann können Winkel an der Latte befestigt werden, damit die Latte in einer definierten Tiefe unter der Oberkante der Einfassung das Bettungsmaterial glatt streicht. Wenn es keine starren Einfassungen gibt, werden auf die Tragschicht Kanthölzer oder Metallstäbe (»Abzugsschienen«) gelegt, die die Höhe der Bettung haben. Dann wird das Bettungsmaterial eingefüllt und die Richtlatte über die Abzugshilfen geführt. Die Bettung hat nun die exakte Höhe. Die Hilfen werden entfernt und die Bereiche, wo sie lagen, ebenfalls mit Bettungsmaterial gefüllt. (Siehe dazu auch die Abbildung auf Seite 90.)

Auf der Bettung können dann die Platten verlegt werden. Bei Platten mit geraden Kanten (Betonplatten und gesägten Natursteinplatten) sollten alle Fugen gleich weit sein. Ein gutes Maß ist zum Beispiel die Dicke des Zollstocks (3 mm). Man kann immer wieder einen Zollstock als »Maß« für die Fugen zwischen die Platten stecken. Platten dürfen nicht »knirsch« gelegt werden, sich also nicht direkt berühren. Durch die Belastung der Platten bei der Benutzung der Fläche oder durch das Ausdehnen des Materials im Sommer könnten sonst Ecken abspringen.

Die Fugen werden verfüllt und, wenn das gewünscht ist, eingesät. Wenn Platten mit weiten Fugen verlegt werden sollen, sollte das Material, mit dem die Fugen verfüllt werden, ein relativ grobes Korn enthalten, am besten wird das Größtkorn entsprechend der Fugenweite gewählt, bei 2 cm breiten Fugen z. B. 0/22 oder 0/16. Wenn Bettung und Fugenfüllmaterial einen Nullanteil, also staubfeine Steinchen, enthalten, dann sind die Fugen einfach zu begrünen – bzw. begrünen sich auch spontan. Auch hat sich gezeigt, dass Fugenfüllungen mit Feinanteilen stabiler sind. Wird ein Splitt ohne feine Anteile gewählt, z. B. 2/5 oder 2/8, dann wird auch die Begrünung erschwert – was aber auch ein erwünschter Effekt sein kann.

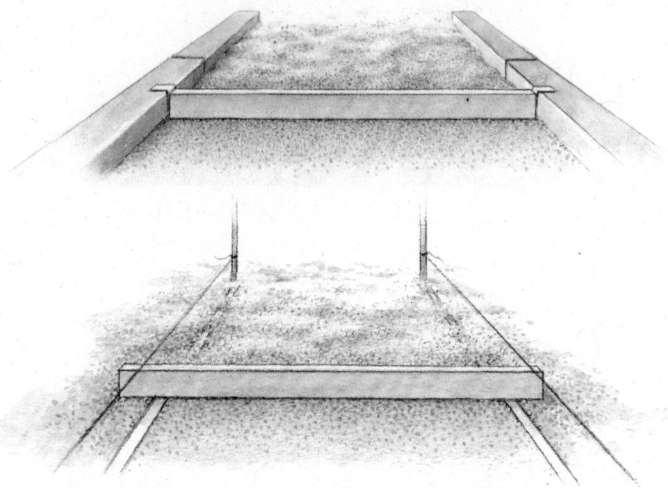

Betonplatten, gesägte Natursteinplatten und Kunststeinpflaster werden in einer Bettung aus feinem Splitt oder Sand verlegt. Diese Schicht wird im Gefälle mit einer Latte, die an den Seiten eingefasst wurde, glatt gestrichen (oben). Alternativ kann die Latte aber auch über Metallschienen oder Kanthölzer abgezogen werden (unten).

Wenn die Bettung aus Splitt ohne Feinanteile hergestellt wurde, dann sollte auch das Fugenfüllmaterial keine enthalten. Die Feinanteile werden sonst in die Bettung eingespült. (Die Fachleute sagen, der Aufbau ist dann nicht »filterstabil«.)

Das Fugenfüllmaterial wird kontinuierlich während der Arbeiten aufgebracht und eingefegt, damit sich die Platten nicht verschieben. Auch nach dem Fertigstellen der Fläche muss in regelmäßigen Abständen immer wieder Material eingefegt werden. Es kann auch hilfreich sein, die Fugen mit Wasser einzuschlämmen. Wenn sich die Fugen nicht mehr setzen, kann beim letzten Einfegen das Saatgut der Pflanzenarten, mit denen die Fugen begrünt werden sollen, dazu gemischt werden. Etwas unkrautfreier Grünkompost wird dazugegeben, damit die Samen gut mit Wasser versorgt sind. Der Kompost versorgt die jungen Pflanzen zwar auch mit Nährstoffen, die wichtigere Funktion des Kompostes ist jedoch, dass er Wasser speichert und so verhindert, dass die jungen Pflanzen austrocknen.

Plattenbeläge müssen im Gegensatz zum Pflaster nicht unbedingt nachverdichtet werden. Dies gilt besonders für große Formate. Je kleiner die Platten sind, desto eher werden sie durch das Abrütteln keinen Schaden nehmen. Große Platten werden ebenso wie Großpflaster nicht abgerüttelt.

Damit Natursteinplatten fest und sicher liegen, müssen sie mindestens 3 cm, besser 3,5 bis 4 cm dick sein. Je größer eine Platte ist, desto dicker muss sie sein. Platten, die dünner als 3 cm sind, müssen unter Verwendung von Zement gebunden werden. Am besten werden sie auf eine Tragschicht aus Drainbeton und in eine Bettung aus Mörtel gelegt. Sie sind deshalb für naturnahe Bauweisen nicht geeignet.

Beton- und Klinkerpflaster (Kunststeinpflaster)

Auch Beton- und Klinkerpflaster werden auf eine abgezogene Bettung gelegt. Wie bei Naturstein- und Betonplatten sollte diese Bettung 3 bis 5 cm dick sein. Pflasterflächen werden nach dem Verlegen mit der Rüttelplatte nachverdichtet. Deshalb wird die Bettung 6 bis 8 mm höher aufgebracht. Nach dem Verdichten hat die Fläche dann die richtige Höhe.

Kunststein-Pflastersteine gibt es in verschiedenen Dicken. Je stärker die Belastung der Fläche, desto dicker müssen die Steine sein: Bei Fuß- und Radwegen reichen 6 cm. Wenn die Flächen von Autos befahren werden, müssen die Pflastersteine 8 cm dick sein. Ist die Pflasterfläche besonders hohen Belastungen ausgesetzt, zum Beispiel durch Lkw,

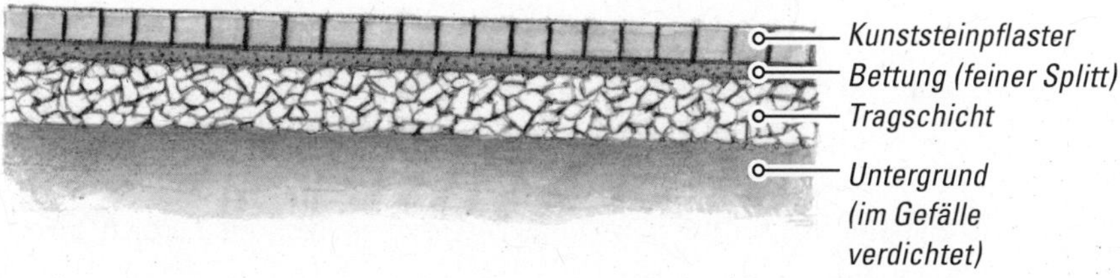

auf steilen Gefällen oder in engen Kurvenradien, dann werden noch dickere Steine verwendet, nämlich 10 cm oder sogar 12 cm dicke Steine.

Bei Fuß- und Radwegen können die Pflastersteine in jedem Muster, also nach rein gestalterischen Gesichtspunkten verlegt werden. Bei Fußwegen sind auch Kreuzfugen erlaubt. Wie bei Mauern machen Kreuzfugen einen Steinverband (egal, ob horizontal oder vertikal) jedoch instabil. Deshalb eignen sich Verbände mit Kreuzfugen, zum Beispiel der Parkettverband, nicht für Fahrwege und Garagenzufahrten.

Kunststein-Pflasterflächen sind dann besonders stabil, wenn die Längsrichtung der Steine diagonal zur Hauptfahrtrichtung verläuft, wie das beim Fischgrät- oder Diagonalverband der Fall ist. Denn die Steine erfahren beim Überfahren immer einen Schub in Richtung der Fahrtrichtung. Bei diagonaler Verlegung wird jeder Stein von den Nachbarsteinen abgestützt.

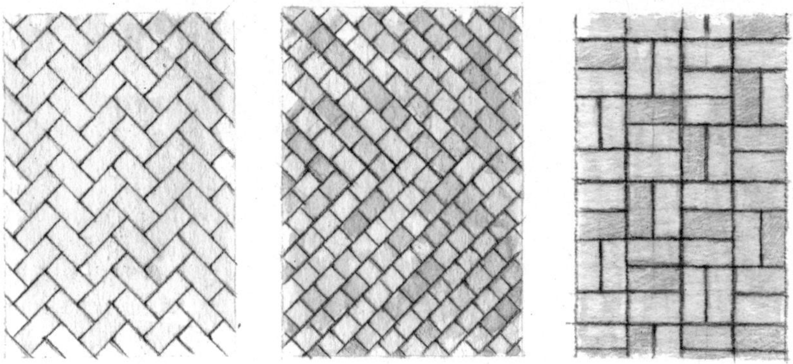

Im Fischgrätverband (links) und Diagonalverband (Mitte) verlegt, ist Kunsteinpflaster besonders stabil. Pflasterverbände mit Kreuzfugen (rechts) sind dekorativ, aber nur für schwach belastete Flächen geeignet.

Mogeln rächt sich!
Die Bettung darf nicht dazu benutzt werden, eine uneben eingebaute Tragschicht auszugleichen! Die Pflastersteine würden sich im Bereich der Vertiefungen unweigerlich setzen. Mit der Zeit würde es zu Unebenheiten kommen.

Am Rand der Pflasterfläche müssen die Steine oft geschnitten werden. Hier dürfen die Steine nicht zu klein sein. Die verbleibende kürzere Seite des beschnittenen Steines muss mindestens so lang sein, wie die Hälfte der größten Kantenlänge der unbeschnittenen Steine. Kleine »Kuchenstücke« lösen sich leicht und machen die ganze Fläche instabil. Bei einem normalen Klinkerpflaster mit den Maßen 115 mm × 240 mm darf die längere Seite also nicht kürzer als 120 mm sein. Der kleinste erlaubte rechteckige, beschnittene Stein hat also das Maß von 115 mm × 120 mm.

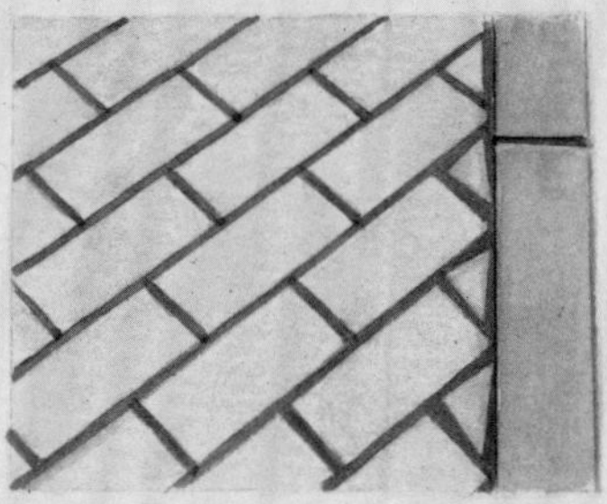

So ist es falsch.

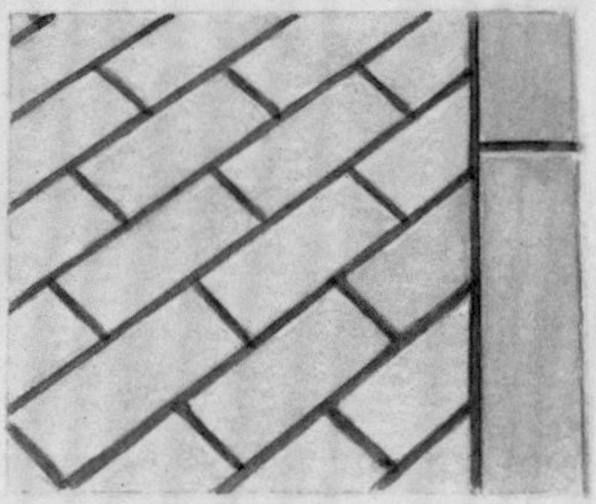

So ist es richtig.

Wie bei Platten sollte die Gleichmäßigkeit und Geradlinigkeit der Fugen der Gleichmäßigkeit des Materials entsprechen. Die Dicke eines Zollstocks als Mindestmaß für die Fugen hat sich auch hier bewährt (3 mm). Auch Betonsteine dürfen nicht aneinanderstoßen (»knirsch« verlegt werden). Die Abstandshalter, die an manche Steine angegossen sind, müssen frei in der Fuge liegen, sie dienen der Einhaltung eines Mindestabstands. Als Fugenmaterial eignet sich aus bautechnischen Gründen am besten ein Brechsand-Splitt-Gemisch mit Nullanteilen, wenn sichergestellt ist, dass die Feinanteile nicht nach unten weggespült werden können. Die Bettung sollte daher ebenfalls Feinanteile enthalten.

Klinkersteine werden im Grunde wie Betonsteine verlegt. Hier ist nur eine Besonderheit zu beachten: Durch den Brennvorgang haben sie eine konkave Fläche, also eine Vertiefung auf einer der Flächen. Diese Seite des Steins muss nach unten eingebaut werden! Sonst bleibt Wasser auf dem Klinkerpflaster stehen und gefriert im Winter zu Eis.

Wie bei Platten werden die Klinkersteine auf die abgezogene Bettung gelegt und mit dem Schonhammer angedrückt. Das geschieht von der schon verlegten Fläche aus. Wir knien also auf der frisch verlegten Fläche. Damit die Steine sich dort nicht verschieben, ist es wichtig, die Fugen immer sofort mit Pflastersand einzufegen.

Die fertig verlegte Fläche wird abgerüttelt. Damit das Bettungsmaterial oder andere Verunreinigungen keine dauerhaften Streifen auf dem Kunststein- oder Klinkerpflaster hinterlassen, gibt es spezielle Gleitmatten für die Rüttler, die zusammen mit diesen ausgeliehen werden können.

Eine engfugig verlegte Beton- oder Klinkerpflasterfläche lässt kaum Wasser nach unten versickern, in den Fugen gibt es auch nur wenig Raum für Pflanzen. Sollen Pflanzen zwischen den Platten wachsen, kann das Pflaster mit breiteren Fugen verlegt werden (z. B. 1 bis 3 cm). Es gibt aber auch Steine mit bereits eingearbeiteten Aussparungen,

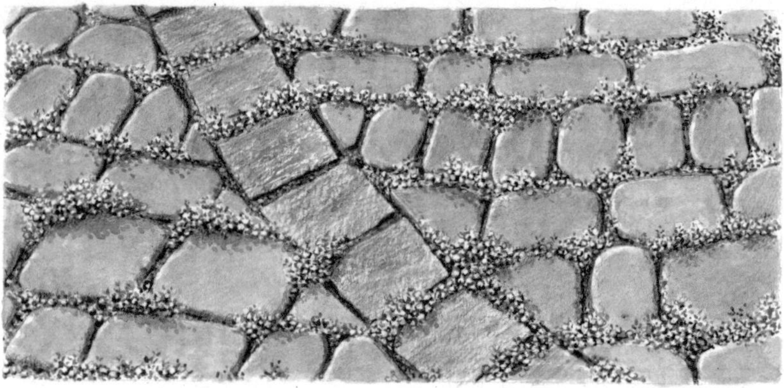

Die Fugen zwischen speziellen Betonpflastersteinen mit stark abgerundeten Ecken, hier mit Naturstein-Intarsien verlegt, sind groß genug, um attraktive Pflanzen anzusiedeln. Regenwasser kann dazwischen gut versickern.

die als Versickerungsöffnungen gedacht sind und durch Einsaat oder Bepflanzung zu »Pflanztaschen« werden können. Gestalterisch besonders interessant sind Betonpflastersteine mit stark abgerundeten Ecken (»Arena-Pflaster«). Solche Steine eignen sich besonders gut für Wege in organischen Formen. Ein weiterer Vorteil: Da die Steine in verschiedenen Größen geliefert werden, findet sich fast immer ein passender Stein. Es müssen also keine Steine passend geschnitten werden, um die Pflasterfläche bis zu den Rändern zu füllen.

Es werden auch Betonpflastersteine angeboten, die selbst wasserdurchlässig sind. Dieses sogenannte »Ökopflaster« wird so produziert, dass sich in den Steinen feine Kanäle bilden. Wasser kann also durch den Stein hindurch sickern, zumindest, wenn er frisch aus dem Werk kommt. Leider hat sich herausgestellt, dass Pollen und feiner Staub diese Hohlräume mit der Zeit zusetzen, sodass die Versickerungsfähigkeit nur durch eine aufwendige und regelmäßige Spezialreinigung erhalten werden kann. Der finanzielle Aufwand für einen solchen offenporigen Stein erscheint also im privaten Bereich nicht sinnvoll.

Derselbe Effekt verschließt übrigens auch »versickerungsoffene« Fugen, die mit Epoxidharzmischungen gefüllt wurden, um die Besiedlung der Fugen mit Pflanzen zu verhindern. Nun, im Naturgarten ist ja oft genau das Gegenteil das Ziel: Die gewollte und gestaltete Begrünung von Pflasterflächen mit schönen und interessanten Wildpflanzen. Dies schließt die Fugenverfüllung mit Epoxidharzmischungen aus.

Betonpflaster können gestalterisch aufgewertet werden, indem in geringen Anteilen Natursteine mitverwendet werden. Dafür sollten die Natursteine in etwa so hoch wie die verwendeten Kunststeine sein. Eine schöne Möglichkeit sind Natursteinintarsien in einer Betonpflasterfläche, die das Pflastermuster der Betonsteine deutlich brechen und so die Aufmerksamkeit auf die Natursteine ziehen (und von den Betonsteinen ablenken). Es ist aber auch möglich, aus Natursteinen Rahmen zu legen, die dann mit den Betonsteinen gefüllt werden.

Natursteinpflaster: Mosaik-, Klein-, Groß- und Katzenkopfpflaster

Während Betonstein-Pflastersteine auf eine abgezogene Bettung gelegt werden, wird bei Natursteinpflaster jeder einzelne Stein in eine nur ungefähr auf die richtige Höhe geschüttete Bettung eingesetzt. Wir knien oder sitzen (dafür gibt es sogenannte »Pflastererstühle«, runde Holzplatten, unter denen sich ein kurzer Fuß befindet) im Bereich der Bettung und setzen die Steine von dort aus in die Pflasterfläche ein. Dafür wird mit der flachen Seite des Hammers in die Bettung eine für den Stein passende Vertiefung gegraben, der Stein eingesetzt und mit der dicken Hammerseite eingeschlagen, bis er in der richtigen Höhe sitzt.

Damit die Arbeit zügig von der Hand geht, sollten die Pflastersteine in Griffweite gelagert werden. Bald haben wir dann viele der Steine schon einmal in der Hand gehabt und finden den passenden Stein »wie im Schlaf«. Genauso sehen wir nach einiger Zeit schnell, wie das Lager des Steins verläuft (siehe Seite 98), und setzten es korrekt vertikal.

Vor allem am Anfang ist es wichtig, oft zu prüfen, ob die über die Fläche gespannten Schnüre, die die Höhe der zukünftigen Oberfläche anzeigen, noch frei gespannt sind. Dazu reicht es nicht, von oben zu schauen, wir können das nur von der Seite genau sehen – dazu muss man den Kopf fast auf die Bettung legen. Aber es lohnt sich! Ein einziger Stein, der die Schnur berührt, kann dazu führen, dass wir eine große Fläche mit falschem Gefälle bauen.

Kreuzfugen sind nur bei Fußwegen erlaubt. Die folgenden Abbildungen zeigt die Fugenregeln, die für Wege gelten, auf denen auch Fahrräder, Pkw und Lkw fahren.

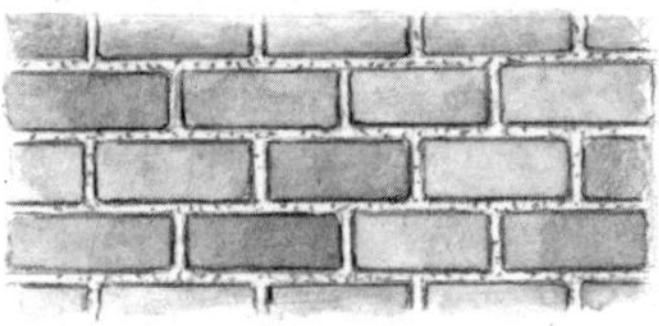

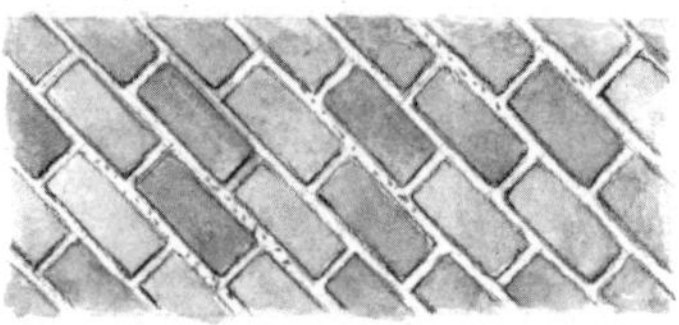

Um Kreuzfugen zu vermeiden, müssen die Steine beim Reihenpflaster (links) und Diagonalpflaster (rechts) mindestens zu einem Drittel der Steingröße überbinden. So bleibt der Weg stabil, wenn Fahrräder und Pkw darüberfahren.

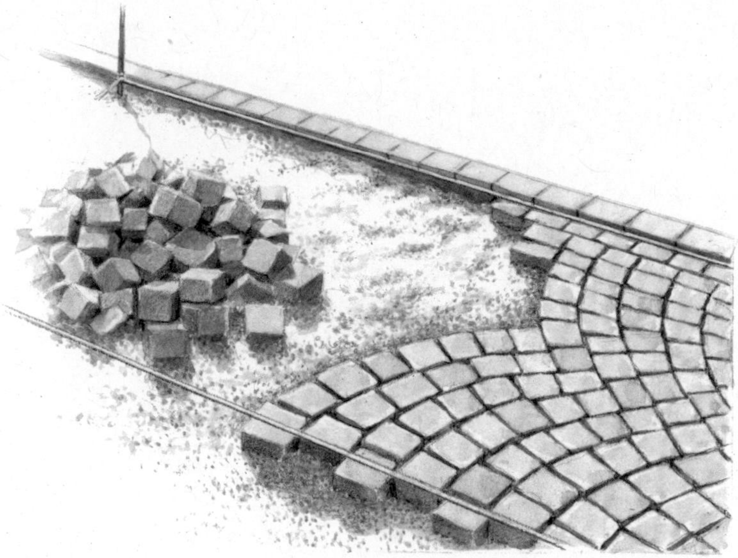

Natursteinpflaster werden von der Bettung, die nicht abgezogen werden muss, aus verlegt. Die Pflasterschnur erlaubt das höhengerechte Verlegen. Sie zeigt die Höhe des zukünftigen Weges an. Da die Steine noch abgerüttelt werden, liegen sie zunächst einige Millimeter über der vorgesehenen Höhe.

Bei Pflastersteinen, die nach unten etwas konisch zulaufen, ist es wichtig, dass der untere Bereich der Fuge schon gut mit Bettungsmaterial ausgefüllt ist, da die Fugenfüllung von oben, vor allem bei relativ engen Fugen, schwierig ist. Auch beim Natursteinpflaster werden die Fugen kontinuierlich gefüllt und eingefegt oder eingewässert.

Da die Flächen während des Arbeitens jedoch nicht betreten werden müssen, kann dies in größeren Abständen geschehen als beim Kunststeinpflaster. Wenn die Fläche nach der Verlegung noch mit der Rüttelplatte verdichtet werden soll – das empfiehlt sich bei Mosaik- und Kleinpflaster –, wird die Fläche so verlegt, dass ihre Oberfläche etwa 6 bis 8 mm über der geplanten Höhe liegt. Je größer die Pflastersteine sind, desto schwerer darf die Rüttelplatte sein. Beim Ausleihen nennen Sie also am besten die Art des Pflasters, das verdichtet werden soll.

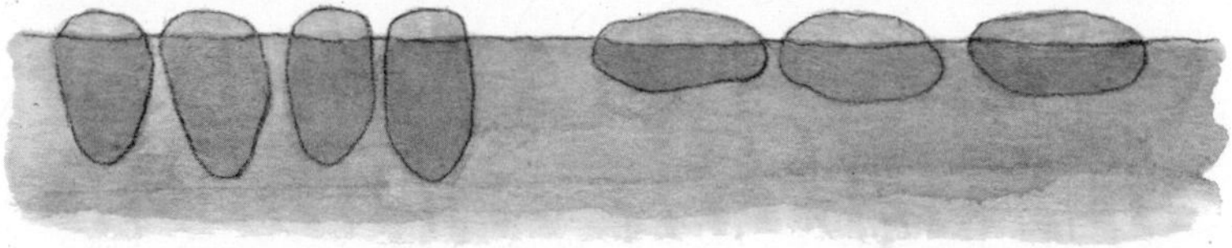

Alle Natursteinpflaster, vor allem aber Kiesel- und Katzenkopfpflaster, müssen wie Zähne im Kiefer sitzen (links im Bild). Die langen Seiten dürfen nicht horizontal liegen! (rechts die falsche Bauweise).

Bei fast allen Natursteinpflastern wird die längste Ausdehnung des Steines vertikal eingesetzt. Dies gilt insbesondere für die unregelmäßigen Feldstein- (»Wacken«-) und Kieselpflaster. Der Naturstein sitzt also in der Bettung wie ein Zahn im Kiefer, was zum Beispiel auch den Namen »Steckkiesel« erklärt. Insbesondere bei kleinen Steinen ist es sehr wichtig, dass ihre längste Ausdehnung vertikal gesetzt wird.

Wenn die Pflastersteine aus einem geschichteten (»lagerhaften«) Stein hergestellt wurden, wie Sandstein oder Grauwacke, dann ist es wichtig, dass die Schichtung (»das Lager«) vertikal gesetzt wird. Wenn dann der Stein vielleicht doch im Frost springt, sitzen einfach nur zwei Steine perfekt nebeneinander. Wenn das Lager horizontal liegt, löst sich ein Steinplättchen heraus, es entsteht ein »Loch«.

Je größer die Pflastersteine sind, desto größer ist die Fuge und desto dicker wird auch die Bettung (siehe Tabelle Seite 52).

Weil Kunststeine flach auf der Bettung liegen, wirken in ihnen relativ starke Hebelkräfte, wenn sie einseitig belastet werden, zum Beispiel wenn ein Fahrzeug darüberfährt. Natursteinpflaster haben eine eher quadratische Form und laufen oft auch noch nach unten konisch zu, hier sind die Hebelkräfte wesentlich geringer. Sie können (und müssen) deshalb mit wesentlich weiteren Fugen verlegt werden als Kunstpflastersteine. Natursteinpflaster leiten den Hauptteil der Last nach unten in die Tragschicht ab, während es in Kunststeinpflasterflächen auch einen erheblichen seitlichen Schub in der Pflasterfläche selbst gibt.

Rasengittersteine: Öffnungen nutzen

Rasengittersteine naturnah, das geht! Meist werden sie ja mit normalen Rasenmischungen eingesät. Wenn dann noch Mutterboden in die Aussparungen eingefüllt wurde, leiden die Rasengräser auf dem Schotterunterbau bald unter der Staunässe, die in dem bindigen Boden durch den Kapillarbruch entsteht. Denn zum Gedeihen der Begrünung ist es wichtig, dass bei trockenem Wetter auch Feuchtigkeit aus dem Untergrund aufsteigen kann. Es darf keinen Bruch der feinen Kapillaren im Boden geben. Dies kann dadurch erreicht werden, dass Tragschicht, Bettung und Vegetationstragschicht aus mineralischem Material mit Feinanteilen hergestellt werden. Die Tragschicht sollte aus Schotter in der Körnung 0/45 oder 0/56 bestehen, als Bettung und Füllung der Aussparungen hat sich besonders Dachbegrünungssubstrat bewährt. Die Lavasteinchen können gut Wasser speichern, ohne dass es zu Verschlämmungen kommt. Aber wenn das richtige Substrat eingebracht wurde und dann ein Rasen aus nur wenigen Grasarten angelegt wird, finden Tiere hier kaum Lebensräume. Dieser magere Standort ist wunderbar geeignet für die Ansiedlung attraktiver Wildstauden.

Auf die verdichtete Tragschicht mit Nullanteilen wird eine Bettung aus Splitt 0/5 aufgebracht. Hier kann aber auch ein rein mineralisches Dachbegrünungssubstrat als Bettung dienen. Die Höhe der Bettung sollte 3 bis 5 cm betragen. Darauf werden die Gitterplatten verlegt. Bei diesem Material ist die Verlegung mit Kreuzfugen kein Problem.

Bei Dachbegrünungssubstrat ist das Aufbringen von Kompost nicht unbedingt nötig. Die aber empfehlenswerten rein mineralischen Substrate, in denen der Ionenaustauscher Zeolith die Nährstoffe speichert, müssen mit einem Depot-Dünger angereichert werden. Der Dünger wird nach Angabe des Herstellers in einer Menge von 5 g Stickstoff je m^2 ausgebracht. Dann wird mit einer speziell geplanten Mischung, mit einzelnen Arten oder mit einer Blumenschotterrasenmischung eingesät.

Nach dem Säen wird die Fläche noch einmal abgefegt, damit das Saatgut auch in die Aussparungen gelangt. Blumenschotterrasen wird meist mit wenigen Gramm pro m^2 ausgesät. Bei Rasengittersteinen beträgt der offene Flächenanteil ungefähr ein Drittel. Für eine 100 m^2 große Fläche mit Rasengittersteinen brauchen wir also Saatgut für 33 m^2.

Einfassungen in Beton

Wenn eine befestigte Fläche befahren oder betreten wird, gibt es immer einen mehr oder weniger starken Schub von Kräften in horizontaler Richtung. Bei gut verzahnten Deckschichten wie bei wassergebundenen Wegedecken oder bei Blumenschotterrasen ist das kein Problem. Bei Pflaster- und Plattenbelägen kann der seitliche Schub jedoch dazu führen, dass Steine und Platten am Rand der Fläche nach außen wandern. Bei Natursteinpflaster ist dieser Schub relativ gering, bei Beton- und Klinkerpflaster relativ hoch. Der Schub muss also aufgefangen werden, sonst »franst« die Pflasterfläche aus und ist schon nach kurzer Zeit nicht mehr funktionsfähig.

Einfassungen werden in der Regel vor dem Einbau von Bettung und Deckschicht gebaut, damit die Materialien nicht schon beim Abrütteln der Fläche seitlich ausweichen können. Auch die Tragschicht wird teilweise erst nach dem Bau der Randeinfassung eingebracht.

Randzeile und Kantenstein

Im konventionellen Gartenbau und bei beengten Verhältnissen, wenn kein Platz für eine Kalkschotterbankette (siehe Seite 105) ist, wird die Einfassung starr, also in ein Betonfundament, gesetzt. Wenn jetzt der Einfassungsstein genauso dick ist wie das Material der Deckschicht, kann er nur von außen mit Beton befestigt werden. Wenn der Stein auch innen in Beton eingebettet wäre, könnte nicht mehr an ihn herangepflastert werden. Dies ist nur bei untergeordneten und sehr schwach belasteten Wegen möglich. Deshalb ist das Material der Randeinfassung in der Regel dicker als das Material der eigentlichen Pflasterfläche.

Bei Natursteinpflaster wählen wir eine größere Steindicke, zum Beispiel Kleinpflaster bei einer Wegefläche aus Mosaikpflaster. Besonders praktisch sind Kantensteine aus Naturstein oder Beton.

Bei allen starren Einfassungen muss die Rückenstütze, die die Einfassung an der Außenseite befestigt, sorgfältig ausgebildet werden – sie leitet den größten Teil des seitlichen Schubs der Pflasterfläche in den Untergrund. Wenn eine starre Randzeile oder ein Kantenstein eingebaut werden, muss darauf geachtet werden, dass das Wasser auf dem Planum immer noch seitlich ablaufen kann. Planum und zumindest ein Teil der Tragschicht müssen deshalb unter das Betonfundament der Randzeile reichen. Bei Fußwegen sind die Tragschichten oft nicht so dick, dass zwei passende Lagen eingebracht werden können. Dann wird unter dem Betonfundament ein Schotterstreifen als »Sauberkeitsschicht« aufgebracht.

Damit die Bepflanzung des Bereiches außerhalb des Weges nicht erschwert ist, darf der untere Bereich der Rückenstütze nicht zu schräg ins Beet hineingezogen werden. Wenn der Beton gerade anfängt, fest zu werden, wird die Außenkante deshalb am besten senkrecht abgestochen. Alternativ kann der untere Bereich auch geschalt werden. Die Schalung erleichtert auch das Verdichten der Bettung der Randzeile. Obwohl es bautechnisch oft sinnvoll ist, werden solche Schalungen in der Praxis leider kaum eingesetzt.

Immer wieder werden Rückenstützen einfach nur am Rand vor die fertige Pflasterfläche gesetzt. Das ist nicht richtig stabil und sollte, wenn möglich, vermieden werden. Diese Form der Befestigung kann aber ausnahmsweise eingesetzt werden, wenn eine Pflasterfläche bis zum Einbau der Kalkschotterbankette geschützt werden soll.

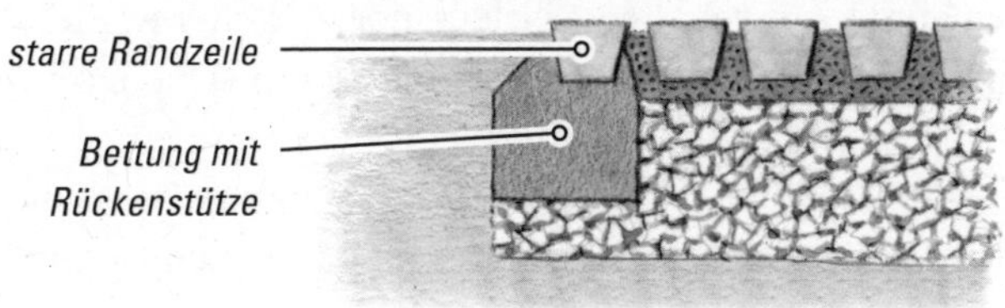

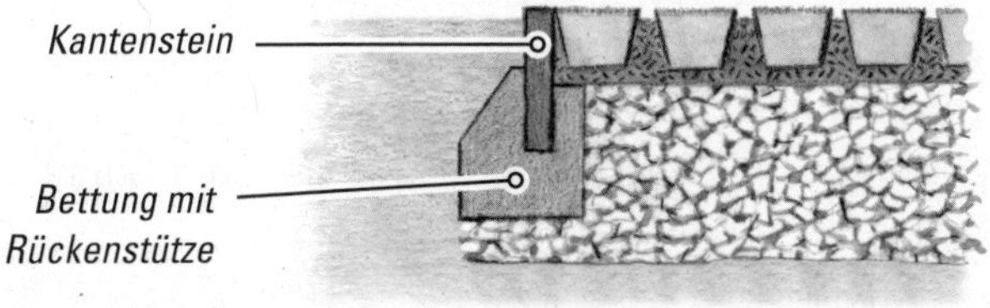

Mindestmaße für das Fundament der Randzeile

Nutzung	Dicke der Bettung	Breite der Rückenstütze
Fußweg	8 cm	8 cm
Stellplätze und Zufahrten ohne Lkw-Verkehr	10 cm	10 cm
Flächen mit Lkw-Verkehr	15 cm	15 cm

In der Praxis wird zunächst das Planum im Gefälle verdichtet und anschließend die Frostschutzschicht oder eine Sauberkeitsschicht aus Schotter oder Kies eingebaut. Anschließend wird die Bettung der Randzeile (oder der Kantensteine) aufgehäuft.

Dazu wird eine erdfeuchte Mischung aus Zement und Betonkies im Verhältnis 1:4 hergestellt. In einem Mörtelkübel oder Zwangsmischer werden immer abwechselnd 4 Schaufeln Kies und 1 Schaufel Zement gegeben und dann mit so wenig Wasser vermengt, dass die Mischung noch »steht«. Die Mischung kann dann auf der Fläche der Randzeile in einer Höhe aufgebracht werden, die außen etwa 5 cm höher als die Bettung unter den Pflastersteinen ist.

Die Randsteine werden in die feuchte Mischung gesetzt, sie verbinden sich besser mit der Bettung, wenn sie angefeuchtet werden. Denn der Beton härtet nicht durch Austrocknen aus, sondern durch eine chemische Reaktion mit Wasser. Deshalb sollte die Randzeile in den folgenden Tagen gut feucht gehalten werden, indem immer wieder Wasser mit einem Besen aufgetragen wird. Alternativ kann sie auch mit einer Plastikplane oder mit feuchten Tüchern abgedeckt werden.

Wenn die Randzeile an eine Rasenfläche angrenzt, werden später die Fugen mit Mörtel verschlossen, damit das Gras nicht in die Fugen einwächst. Graswurzeln in Pflasterfugen sind kaum zu jäten.

Randzeilen in Betonbettung werden immer als Erstes gebaut. Erst wenn die Randzeilen fertig sind, wird dazwischen gepflastert. Dabei werden die Steine der Einfassung besser einige Millimeter tiefer als die Endhöhe der übrigen Pflasterfläche gesetzt, auf keinen Fall höher. Das Wasser soll sich vor der Randzeile nicht stauen!

Muldenrinnen

Am Straßenrand werden oft Muldenrinnen gebaut. Das sind mehrzeilige Pflasterreihen, die muldenförmig vertieft sind. Wir können mit solchen Muldenrinnen Regenwasser auch im Privatgarten erlebbar machen. Wenn das Wasser aus den Regenrinnen oberirdisch in Muldenrinnen abgeführt wird, verschwindet es nicht in der Kanalisation, das Oberflächenwasser der Pflasterflächen nicht in irgendwelchen Hofabläufen. Bei Regen gibt es dann für die Kinder einen Grund, nach draußen an die frische Luft zu gehen. In der Muldenrinne fließt ein kleines Bächlein, durch das die Kinder platschen können, in dem Stöckchen schwimmen können oder in dem kleine Staudämme gebaut werden können. Gleichzeitig kann die Muldenrinne als seitliche Einfassung einer Pflasterfläche dienen. Am schönsten und sinnvollsten ist es, wenn die Muldenrinne das Regenwasser dann in einen Sumpfgraben oder eine Versickerungsmulde leitet.

Auch Muldenrinnen werden, wie oben beschrieben, auf eine Bettung aus Beton gesetzt. Die seitlichen Steine werden schräg gesetzt, sodass eine Rinne entsteht. Bei diesen massiven Betonbändern müssen alle 5 bis 8 m Dehnungsfugen vorgesehen werden, sonst kommt es zu Längsrissen. Es gibt spezielle dauerelastische Fugenmatten aus Kunststoff, die zwischen die Abschnitte der Rinne eingesetzt werden können.

Im Hausgarten kann man nach dem Prinzip der »verlorenen Schalung« auch dünne Bretter verwenden. Sie verrotten allerdings mit der Zeit und hinterlassen dann eine relativ breite Fuge, in die das Wasser hineinsickert.

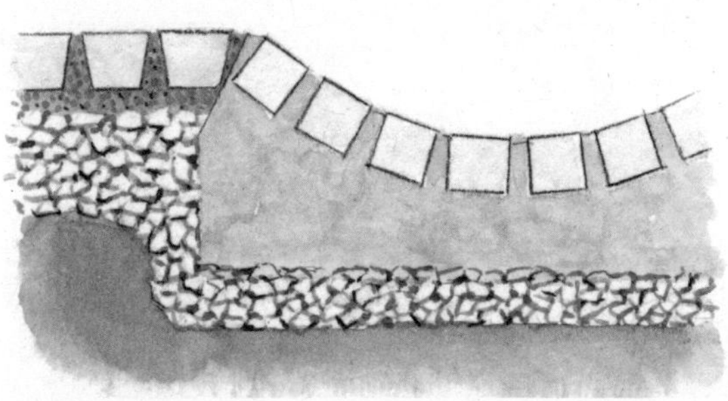

Die Muldenrinne befestigt das Pflaster und hilft gleichzeitig, Regenwasser aufzufangen und gezielt abzuleiten.

Beim Erstellen der Rinne sind seitliche Schalungen aus Brettern hilfreich, damit später auch eng an die Rinne herangepflastert werden kann. An der Oberfläche können die Fugen dann mit Dichtmasse geschlossen werden. Damit das Wasser in der Rinne auch abläuft, sollte die Längsneigung mindestens 0,5 % betragen.

Seitlich an einem Weg oder einem Platz dient eine solche Muldenrinne dann gleichzeitig als Randbefestigung für das Pflaster. Genauso wie Randzeilen wird die Muldenrinne gebaut, bevor die restliche Fläche ausgepflastert wird. Auch hier dürfen die Randsteine der Mulde nicht über der Höhe der Pflasterfläche liegen, sondern einige Millimeter darunter. Sonst bleibt das Wasser, das auf der Pflasterfläche abläuft, vor der Rinne stehen und bildet Pfützen, die letztendlich den Weg schädigen.

Muldenrinnen passen besonders gut in den Naturgarten, wenn statt der Pflastersteine Kieselsteine verwendet werden. Auch hier gilt: Die Steine werden in das Bettungsmaterial eingesetzt wie ein Zahn in den Kiefer, also mit der größten Längsausdehnung senkrecht.

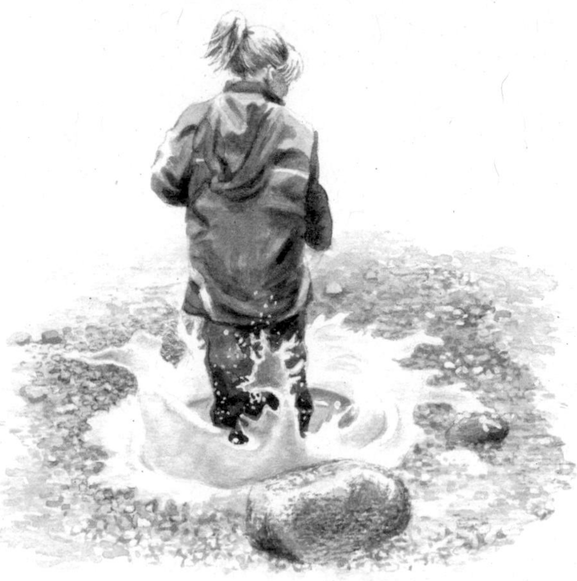

Positiver Nebeneffekt: Der Garten wird zum Wasserspielplatz.

Naturnahe Einfassungen ohne Beton

Es gibt zahlreiche naturnahe Alternativen zu den eher konventionellen Wegeeinfassungen, die in eine Betonbettung gesetzt werden. Bei den naturnahen Bauweisen wird der Boden nicht versiegelt und bleibt deshalb für Wasser und wandernde Lebewesen offen. So kann der Rand des Weges mit den schönen Pflanzen der Magerstandorte begrünt werden. Wenn der Weg am Haus entlangführt, können Bankette und Spritzschutzstreifen ineinander übergehen.

Kalkschotterbankette

So wie der Blumenschotterrasen bei Naturgärtnern der Liebling unter den Deckschichten ist, weil er in idealer Weise Nutz- und Lebensraumfunktion verbindet, so bietet die begrünte Kalkschotterbankette eine naturnahe Alternative zu starren Einfassungen.

Im Grunde ist eine Kalkschotterbankette ein schmales Band Blumenschotterrasen, das direkt neben den Randsteinen des Wegs eingebaut wird. Da Kalkschotter, wenn er unter Wasserzugabe hohlraumarm verdichtet wird, abbindet und sehr fest wird, entsteht hier eine Befestigung, die sich sogar für gelegentlich befahrene Flächen eignet.

Um eine Kalkschotterbankette zu erstellen, wird die Tragschicht 40 bis 50 cm breiter eingebaut. Nach dem Verdichten und dem Anlegen der Pflasterfläche wird die Tragschicht dann mit der Spitzhacke aufgeraut, korngestufter Kalkschotter, zumeist in der Körnung 0/32, aufgebracht und genauso wie ein Blumenschotterrasen (siehe Seite 88) verdichtet und eingesät.

Hier wird also die Einfassung erst nach der Pflasterfläche erstellt. Kalkschotterbankette und Pflasterfläche werden anschließend gemeinsam verdichtet. Damit sich die Randsteine während des Pflasterns nicht aus dem Verband lösen, kann es sinnvoll sein, sie bis zum Einbau der Bankette mit einer Schalung aus Brettern oder mit etwas seitlich aufgebrachtem Mörtel »festzuhalten«.

Ziel und Vorteil der Bankette ist, dass sie einfach begrünt werden kann. So kann ein Pflasterweg entstehen, der sich langsam von den

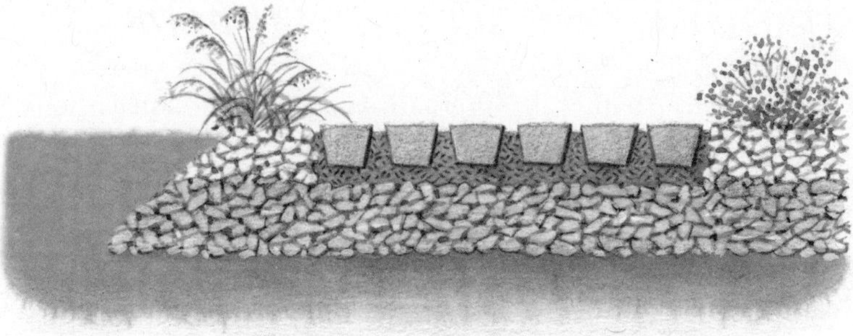

Hier wird Schönes mit Nützlichem verbunden: Die Kalkschotterbankette fasst den Weg ein und wird mit heimischen Wildpflanzen nach Wahl begrünt.

Seiten begrünt, wenn er nicht intensiv genutzt wird. Trotzdem bleibt er fest und gut begehbar. Wenn die schnelle Begrünung der Bankette und des Weges nicht erwünscht ist, dann verzichten wir auf die Einsaat und beobachten, welche der Arten unseres Gartens sich dort von alleine ansiedeln. Arten, die nicht gefallen, werden dann gejätet, wie das bei den wassergebundenen Wegedecken als Pflegemaßnahme beschrieben ist. (Mehr dazu auf Seite 120.)

Bretter und Stahlbänder

Nicht in jeder Gartensituation ist die Begrünung der Wegefläche erwünscht. Einfassungszeilen in Beton, vor allem, wenn die Fugen mit Mörtel geschlossen sind, bieten einen Schutz vor seitlich einwachsenden Pflanzen.

Hierzu gibt es aber auch Alternativen, die ohne Beton auskommen: Stahlbänder oder Holzbretter. Holzbretter sind eine traditionelle Einfassung für wassergebundene Wege, wir finden sie auch heute noch in denkmalpflegerisch betreuten Schlossparks. Dass sie mit der Zeit verrotten, muss aus der Sicht des Naturgärtners kein Nachteil sein. Wenn haltbares Holz wie Eiche oder Robinie verwendet wird, vergehen sie auch nicht so schnell. Schadhafte Bretter können im Rahmen der in regelmäßigen Abständen notwendigen Renovierung der Wege ersetzt werden.

Stahlbänder sind die dauerhafte Alternative zu den Holzbrettern. Die Stahlbänder haben an der Unterseite in regelmäßigen Abständen Verlängerungen und werden einfach in den Untergrund eingeschlagen. Holzbretter werden an Pflöcken angeschraubt, die ebenfalls in den Untergrund (vom Weg aus betrachtet außen) eingeschlagen werden.

Damit die Höhen stimmen, werden Holzbretter und Stahlbänder vor dem Einbau der Deckschicht eingebaut. Alternativ werden auch Bänder aus Kunststoff angeboten. Sie sind preiswerter als Einfassungen aus Stahl, aber natürlich auch weniger haltbar. Wenn sie nicht aus dem problematischen Stoff PVC bestehen, sondern aus Polyethylen oder anderen chlorfreien Kunststoffen, sind sie aber aus ökologischer Sicht eine Alternative.

Trockenmauern als Einfassungen

Gar keine Einfassung muss angelegt werden, wenn der Weg oder Sitzplatz an eine Trockenmauer grenzt, die ebenfalls neu gebaut wird: Hier nehmen die schweren Trockenmauerbausteine ohne Probleme den seitlichen Schub auf.

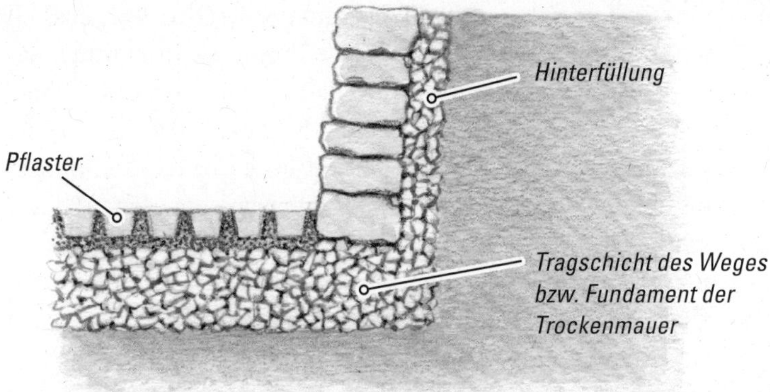

Auch mit einer Trockenmauer kann Pflaster eingefasst werden. In den Mauerspalten finden dann Wildtiere wie Spitzmaus und Eidechse Nahrung und Unterschlupf.

Damit eine Trockenmauer als seitliche Einfassung dienen kann, wird die Tragschicht des Weges über die Wegefläche hinausgezogen und dient gleichzeitig als Fundament für die Mauer. Bei vielen Wegeaufbauten wird man die 30 cm Mindesttiefe, die für ein Trockenmauerfundament notwendig ist, erreichen. Wenn das nicht der Fall ist, muss die Fundamentfläche im Bereich der Trockenmauer bis auf die Tiefe von 30 cm unter der Oberkante der Tragschicht ausgekoffert werden.

Einziger Nachteil dieser schönen Bauweise ist, dass die Deckschicht, z. B. das Pflaster, vor die unterste Steinreihe der Trockenmauer gebaut wird, die Trockenmauer also in der Höhe der Deckschicht »im Boden verschwindet«. Eine Mauer in Sitzhöhe (45 cm) muss also um die Höhe der Deckschicht höher gebaut werden. Der höhere Materialaufwand für die Mauer relativiert sich aber wieder, wenn wir den Aufwand, den wir für die Randeinfassung gehabt hätten, einbeziehen.

Allein beim Tausendsassa Blumenschotterrasen tritt dieser Effekt nicht zutage, hier kann auch die Deckschicht des Schotterrasens als Fundament für die Trockenmauer dienen. In diesem Fall bauen wir erst den Blumenschotterrasen über die Fläche von Fundament und Wegefläche. Dann wird darauf die Trockenmauer errichtet.

Schwere Steine als Einfassungen

Die unterste Steinreihe einer Trockenmauer liegt so fest, dass sie den seitlichen Schub der Pflasterfläche ohne Probleme aufnehmen kann. Je geringer die Belastung der Wegeoberfläche sein wird, desto eher kann diese Funktion auch von einer Reihe schwerer – großer – Steine übernommen werden, auch ohne die darauf lastende Trockenmauer. Dies gilt zum Beispiel für Polygonalplattenbeläge, bei denen besonders große und dicke Platten am Rand eingebaut werden können. Auch Trockenmauerbausteine können als Randeinfassung von Platten- oder Pflasterbelägen von fußläufigen Wegen genutzt werden.

Sogar einfache Treppenstufen können wir auf diese Weise bauen. Dafür wird die Tragschicht in der Breite der Einfassung verbreitert und die Steine werden darauf verlegt. Enge Fugen zwischen den Steinen sind hier sinnvoll, damit der seitliche Schub aufgenommen wird.

Wege und Teiche

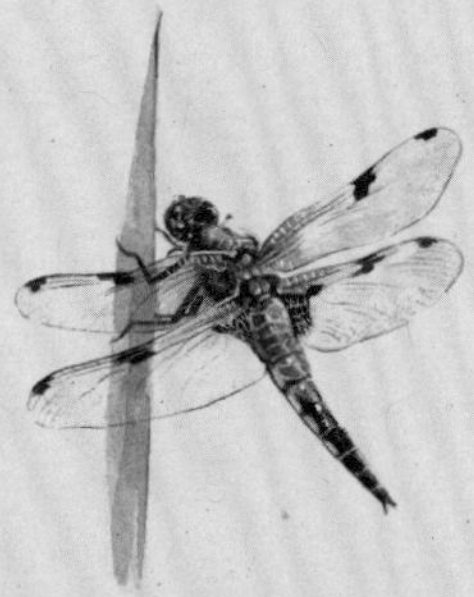

Ein Teich ist immer ein echter Hingucker, Anziehungspunkt und gestalterisches Zentrum in unserem Garten. Mit Wasserflächen holen wir den Himmel – als Spiegelungen – auf die Erde, sie ziehen uns geradezu magisch an. Den Weg zum Teich werden wir also häufiger gehen. Hier wird, auch ohne dass wir ihn bauen, ein Weg entstehen. Soll es nicht nur ein Trampelpfad werden, liegt es besonders nahe, den Weg zum Teich als Chance zur Gestaltung des Gartens zu begreifen und ihn schön und überlegt zu gestalten. Wege und Plätze am Teich verhindern auch, dass auf der Randeinfassung des Teiches um den Teich herumgelaufen wird. Wenn die Randeinfassung nicht stabil genug gebaut ist, wird sie dadurch oft heruntergetreten und so die Kapillarsperre zerstört. Es gibt dann eine Verbindung zwischen dem Wasserkörper und dem umgebenden Erdreich. Durch den Kapillareffekt wird der Teich unweigerlich Wasser verlieren.

Sowohl der Teichrand als auch die Einfassung des Weges müssen stabil und dauerhaft gebaut sein, was liegt es da näher, als beide Funktionen in einem Bauteil zu vereinen? So kann die feste Randeinfassung eines Weges die aufgestellte Dichtung des Teichrandes fixieren oder ein fester Teichrand, z. B. aus einem Stahlband, kann gleichzeitig als Randeinfassung des Weges dienen. Eine weitere Möglichkeit: Am Rand eines Weges kann die Teichfolie zwischen zwei Steinreihen mit Beton befestigt werden, die gleichzeitig als Randeinfassung des Weges dienen.

Baumstämme

Unbehandeltes Holz, Baumstämme oder Holzbalken sind ein beliebtes und wertvolles Totholzbiotop im Naturgarten. Sie sind Lebensräume – was auf lange Sicht dazu führt, dass sie verschwinden, weil sie gewissermaßen kompostieren. Holz kann deshalb nicht als dauerhafte Einfassung mit einer statischen, lastabtragenden Funktion eingesetzt werden. Wir können Baumstämme und Holzbalken genauso wie Holzbretter vor allem zur gestalterischen Einfassung von Wegeflächen nutzen, die für ihre statische Dauerhaftigkeit keine seitlichen Einfassungen brauchen, beispielsweise von Blumenschotterrasen-Wegen oder wassergebundene Wegedecken. Wenn die Stämme oder Balken stabil mit Pflöcken in der Erde verankert sind, können sie auch gut dazu genutzt werden, um die Wegefläche beim Bau zu begrenzen.

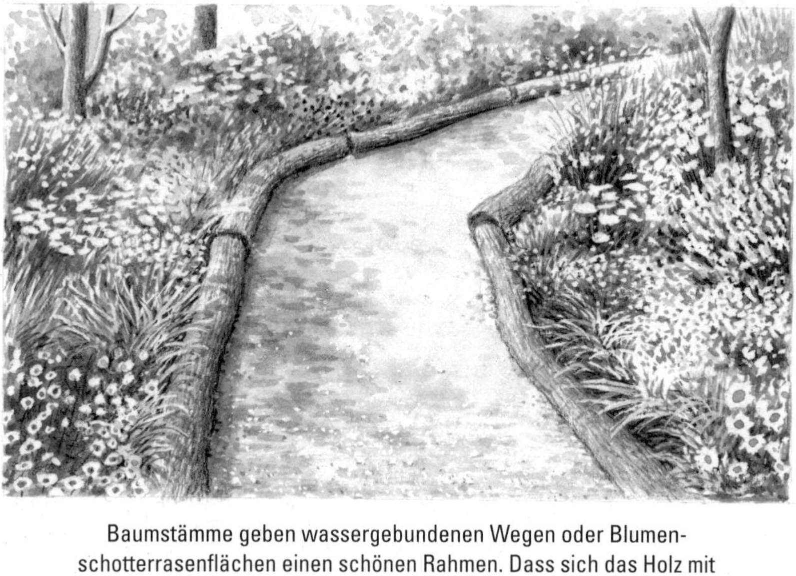

Baumstämme geben wassergebundenen Wegen oder Blumenschotterrasenflächen einen schönen Rahmen. Dass sich das Holz mit den Jahren verändert, ist im Naturgarten gewollt.

Auf Einfassungen verzichten?

Deckschichten, die in sich gut verzahnt sind und statisch gesehen eine »Platte« bilden, brauchen keine Einfassung, um stabil zu bleiben. Einfassungen solcher Wege haben vor allem eine gestalterische Funktion: Sie betonen die Wegeführung, indem sie die Grenze zwischen dem Weg und den übrigen Gartenflächen (Beete, Rasen- und Wiesenflächen, Wasserflächen, Spielflächen) deutlich machen.

Eine wichtige zusätzliche Funktion solcher Einfassungen kann aber auch sein, den Bewuchs der angrenzenden Flächen daran zu hindern, in den Weg einzuwachsen. Dies ist vor allem wichtig, wenn konventionelle Rasenflächen angrenzen. Denn die meisten Rasengräser wurden so gezüchtet, dass sie sich möglichst gut seitlich über Ausläufer ausbreiten. Sie können durchaus einen schmalen Weg »überrennen«. Insbesondere das Weiße Straußgras *(Agrostis stolonifera)* hat da erstaunliche Fähigkeiten.

Bei Kies- und Splittwegen haben Einfassungen einen weiteren Vorteil: Sie verhindern, dass das Wegematerial in die angrenzenden Flächen wandert. Da es sich bei einem gut gebauten Kies- oder Splittweg um einen Weg mit wassergebundener Wegedecke mit einer dünnen Oberflächenveredelung aus lockerem Material handelt, brauchen diese Wege aus statischen Gründen eigentlich keine Einfassung. Aber natürlich werden am Rand immer einige Steinchen in die angrenzenden Flächen wandern. Steinchen im Rasen können den Rasenmäher schädigen. Bei Kieswegen mit Einfassung kann das nicht so leicht passieren.

Welche Wege brauchen eine Einfassung?

Deckschichten, die eine lastabtragende Einfassung benötigen	Deckschichten, die ohne Einfassung stabil bleiben
Betonpflaster	Holzhäckselwege
Klinkerpflaster	Blumenschotterrasen
Natursteinpflaster	wassergebundene Wegedecken
Beton- und Natursteinplattenbeläge	Kies- und Splittwege (gilt mit Einschränkungen)

Wege ohne Tragschichten

Schöne Wegeoberflächen und eine schöne Wegeführung sind Schlüssel zu einem Garten, dessen Schönheit uns immer wieder erfreut. Aber: Wegebau ist mit Aufwand verbunden. Damit schöne Wege nicht nur oberflächlich schön sind, sondern auch dauerhaft – damit sich der Aufwand also lohnt –, brauchen sie einen an die Belastung angepassten Unterbau. Es müssen erhebliche Mengen an Erde ausgehoben, entsorgt oder anderswo im Garten eingebaut werden und ebenso erhebliche Mengen Unterbaumaterialien gekauft und eingebracht werden. Geht es nicht auch ohne diesen Aufwand an Geld und Arbeit? Die gute Nachricht ist: Ja, das geht. Allerdings sind diese Wege nicht so bequem zu begehen wie Wege mit Tragschichten.

Trittplattenwege

Wege aus Trittplatten sind leicht zu bauen und auch nicht besonders teuer. Dies liegt vor allem daran, dass die Tragschicht entfallen kann. Die einzelnen Platten werden auf eine Bettung aus Splitt oder Sand gesetzt. Mit Plattenwegen können so ohne viel Aufwand schöne Wegelinien angelegt werden.

Damit der Plattenweg gut zu begehen ist, sollten die Platten regelmäßig im Schrittmaß verlegt werden. Dieses beträgt – je nach Beinlänge und »Durchschnittsgeschwindigkeit« der Nutzer – 67 bis 69 cm, gegebenenfalls auch mehr. Haben die Platten beispielsweise eine Länge von 40 cm, sollten sie in einem Abstand von 27 bis 29 cm verlegt werden. Den Abstand der Platten zu errechnen und einzuhalten, ist dann sinnvoll, wenn alle Platten dasselbe Maß haben und in geraden Linien verlegt werden.

Um Plattenwege in schönen Schwüngen zu verlegen, gibt es – neben der genau geplanten und vermaßten Wegelinie – eine weitere Möglichkeit: Wir legen einen mit Wasser gefüllten Gartenschlauch in den gewünschten Schwüngen durch den Garten, kennzeichnen neben dem Schlauch auf dem Untergrund mit Markierspray das Schrittmaß und legen die Platten so auf den Untergrund, dass immer dieselbe

Stelle (das vordere oder das hintere Ende, bei unregelmäßig geformten Natursteinplatten besser die Mitte der Platte) an der Markierung zu liegen kommt. Dann wird die Bettung jeder Platte mit Spray oder Spatenstichen markiert, die Platte beiseitegelegt und die Vertiefung für Bettung und Platte ausgekoffert. Das Planum wird mit dem Handstampfer verdichtet, die Bettung (aus Sand oder Splitt) eingefüllt und ebenfalls verdichtet. Anschließend wird die Platte aufgelegt und mit dem Schonhammer festgesetzt. Die Bettung sollte eine Dicke von 5 cm haben. Für eine 6 cm dicke Natursteinplatte wird also 11 cm tief ausgekoffert.

Wege auf Bändchengewebe

Die Hoffnung, keine Tragschicht bauen zu müssen, wird auch von verschiedenen Herstellern von Plastikmaterialien immer wieder geweckt. So sollen Bändchengewebe und Unkrautvliese als Untergrund für Deckschichten aus Kies oder Holzhäcksel ausreichen. Leider können diese Versprechen nur in den seltensten Fällen eingehalten werden, nämlich dann, wenn die Wege nur gelegentlich begangen werden und wenn außerdem der Untergrund wasserdurchlässig und am besten auch noch relativ tragfähig ist.

In Gebieten mit Kies- oder Sandboden hat man also noch die beste Chance, dass ein Weg ohne Tragschicht dauerhaft ist. Auf tonigen und lehmigen Böden dagegen wird die Belastung an den nicht tragfähigen Untergrund, vor allem bei feuchtem Wetter, weitergegeben. So entstehen unweigerlich Pfützen unter der eingebauten Plastiklage. Außerdem müssen die Splitt-, Kies- oder Häckselschichten relativ dick eingebaut werden, damit die unschönen Gewebe und Vliese nicht zu sehen sind. Die Lockermaterialien liegen dann langfristig auf einem unebenen Untergrund, wandern seitlich weg und werden durch die Nutzung seitlich herausgearbeitet. Über kurz oder lang liegen Gewebe oder Vlies frei, was kein schöner Anblick ist. Durch die Unebenheiten im Untergrund reißen sie außerdem leicht ein, sie hängen also irgendwann in Fetzen an der Geländeoberfläche – eine andere und dauerhaftere Bauweise für den Weg muss gesucht werden.

Wenn schon diese eher provisorische Bauweise gewählt wird, dann sollte auf das Bändchengewebe oder Vlies ein Material aufgeschüttet werden, das sich gut verzahnt, also eher Splitt als Kies.

Holzhäckselschüttungen

Zu den Wegen ohne Tragschicht gehören auch die untergeordneten Wege, bei denen Holzhäcksel oder Rindenmulch einfach auf den Untergrund geschüttet wird (siehe dazu auch Seite 55). Da solche Wege nicht dauerhaft sind – das Material kompostiert ja relativ schnell ohne Unterbau –, empfiehlt sich das Auskoffern der Wegefläche nicht. Denn wir können den Nachteil dieser Art des Wegebaus, nämlich die Vergänglichkeit des Materials, auch ganz bewusst einsetzen. Wenn der Weg immer wieder neu angelegt werden muss, dann kann die Wegeführung auch leicht verändert und an die wechselnden Bedürfnissen der Nutzer angepasst werden.

Im Grunde handelt es sich bei dieser Art, Wege anzulegen, um eine Flächenkompostierung, die belaufen werden kann.

Neben der Flexibilität des Wegeverlaufs kann auch die Beschaffenheit der Wegeoberfläche nach Bedarf oder Vorlieben geändert werden: Zu Jahresbeginn entsteht ein duftender Wegebelag aus dem klein gehäckselten Weihnachtsbaum. Schnittgut vom Lavendel oder Thymian lässt im Frühsommer andere Düfte aufsteigen. Aus dem Stroh, das die Lieferungen der Wildpflanzengärtnereien geschützt hat oder das wir uns vom Bauern besorgt haben, können wir hell leuchtende Wege aufschütten. Aus dem eigenen Garten oder aus der Nachbarschaft lässt sich so immer wieder anderes Material gewinnen. Es behält eine Weile seine interessante Farbe und wir können trockenen Fußes darüber gehen. Dann vergraut es, wird feucht und es ist Zeit, Material nachzufüllen. Im hinteren Gartenbereich, unter Bäumen und Sträuchern, können so interessante Wege entstehen, die wir wegen der Baumwurzeln dort nicht mit einer Tragschicht bauen könnten.

Das Beste kommt zu Schluss: Einsäen und Bepflanzen

Ist der Weg fertig gebaut, können wir endlich wieder das tun, was wir im Garten am liebsten tun: neue Lebensräume schaffen. Mit Wildpflanzensaatgut und Kleintopfstauden können die Wege gezielt begrünt werden. Pflanzen, die Magerstandorte bevorzugen, können sich hier ansiedeln (siehe dazu die Tabellen ab Seite 161). Eine interessante Tierwelt wird nicht lange auf sich warten lassen.

Beim Einsäen können wir die Einsaat von Flächen wie Blumenschotterrasen und Rasengittersteinflächen von der Fugeneinsaat unterscheiden.

Die Samenkörner von Wildpflanzen sind im Gegensatz zu Grassamen oft winzig, teilweise, zum Beispiel bei Glockenblumen, staubfein. Pro m^2 reichen 2 bis 6 g. So sind die Saatgutmengen auch für größere Flächen nicht sehr voluminös und es ist nicht einfach, diese geringe Menge gleichmäßig auszubringen.

Wenn wir Flächen, beispielsweise Blumenschotterrasen, einsäen, mischen wir am besten das Saatgut für die gesamte Fläche in einem Eimer mit leicht feuchtem Sand. Sand hat den Vorteil, dass das feine Saatgut bei Feuchtigkeit an den Sandkörnern haftet und mit ihnen ausgestreut werden kann. Wir säen aber noch nicht aus, sondern verteilen die Menge gleichmäßig auf zwei Eimer und mischen nochmals Sand hinzu. Dann wird die gesamte Fläche erst mit dem Inhalt des einen Eimers und dann noch einmal die gesamte Fläche mit dem Inhalt des zweiten Eimers eingesät. Wenn wir uns beim ersten Durchgang verschätzt haben und nicht die ganze Fläche einsäen konnten oder unregelmäßig gearbeitet haben, können wir das beim zweiten Durchgang noch korrigieren. Meist ist der helle Sand auch gut auf den Einsaatflächen zu sehen und wir können so gut erkennen, wo die Einsaat nicht gleichmäßig genug war.

Nach dem Einsäen müssen die Samen noch gut angedrückt werden. Am besten geht das mit einer Rasenwalze, auf kleinen Flächen reicht auch eine umgedrehte Schaufel, mit der wir sanft auf den Boden klopfen.

Nun gilt es die Saat feucht zu halten. Am besten macht das der Regen, deshalb ist eine Aussaat im Frühjahr oder im Herbst von Vorteil. Wenn wir die Flächen beregnen, müssen wir darauf achten, dass kein Wasser über die Flächen läuft und die Saat wegspült.

Bei Rasengittersteinen liegt das Substrat tiefer als die Steine, da ist kein Andrücken möglich. Diese Flächen sollten nach der Einsaat gewässert werden, um eine gute Verbindung von Samen und Erde zu ermöglichen – jedoch nicht so viel, dass das Saatgut in den Boden eingeschwemmt wird. Die meisten Wildpflanzen sind Lichtkeimer und keimen nicht mehr, wenn sie unter der Erdoberfläche liegen!

Zur Fugeneinsaat wird das Saatgut ebenfalls mit Sand vermischt. Dazu kommt noch etwas unkrautfreier Grünkompost. Die Fugen sollten etwa 3 bis 5 mm hoch mit Kompost gefüllt sein. Die Menge des aufzubringenden Kompostes hängt vom Fugenanteil der Fläche ab. Bei engen Fugen mischen wir zu unserem Saatgut in den Eimer reichlich Kompost, auf 3 l Sand-Samen-Mischung etwa 5 l Kompost. Bei weiten Fugen ist es besser, den Kompost vorher in die Fugen einzukehren. So beträgt der Fugenanteil bei einem 11/13er-Großpflaster bei einer Fugenweite von 3 cm fast ein Drittel der Fläche. Wenn 3 mm hoch Kompost in die Fugen eingebracht werden soll, brauchen wir 1 l Kompost je m^2 Pflasterfläche.

Die Saatgut-Sand-Mischung wird auf die Fläche gestreut, eingekehrt und leicht gewässert. Für die Fugeneinsaat reicht eine Menge von 0,5 bis 1 g Samen pro m^2.

Zur Bepflanzung von weiten Fugen verwenden wir am besten Stauden, die in sogenannten Multitopfplatten für Dachbegrünungen angezogen wurden. Wir kratzen etwas Fugenmaterial aus den Fugen und bringen die Pflanze so tief wie möglich in die Fuge ein. Die Oberkante des Ballens muss auf jeden Fall unter der Pflasteroberfläche zu liegen kommen. Danach wird die Fuge wieder mit Fugenmaterial aufgefüllt. Nun müssen die Pflanzen noch eine Weile gegossen werden, bis sie eindeutig angewachsen sind. Das erkennen wir daran, dass sie neue Blätter bilden.

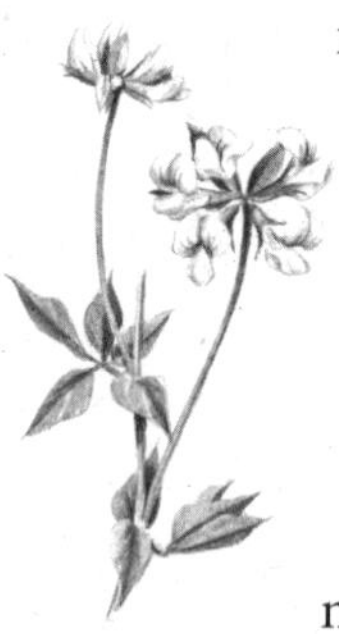

Wege erhalten und pflegen

Die Natur ist erfinderisch. Selbst so etwas Naturfernes wie verlassene Betonbunker werden schon nach einigen Jahrzehnten von Pflanzen und Tieren besiedelt, obwohl der Boden darunter versiegelt bleibt. Wissenschaftler nennen diesen Vorgang Sukzession. In unserem feuchten Klima wird irgendwann sogar Beton durch Verwitterung abgetragen werden. Auch Felsen verschwinden ja durch Erosion sehr langsam, in geologischen Zeiträumen.

Besiedlung mit Pflanzen, die erodierende Wirkung des Wassers: Sie sollten so gesteuert werden, dass sie die Funktionsfähigkeit der Wege nicht beeinträchtigen, dem Wegeaufbau nicht schaden. Das heißt: Auch naturnahe Wege brauchen Pflege.

Wir werden den Bewuchs der Fläche steuern, sodass alle erwünschten Funktionen – die Lebensraumfunktion und die Wegefunktion – zu unserer Zufriedenheit erfüllt werden. (Je nach Ansprüchen der Nutzer kann also auch die Pflege eines identisch gebauten Weges verschieden aussehen.) Dazu gehört auch das Entfernen von unerwünschtem Laub, Moos oder das Reparieren von Schäden.

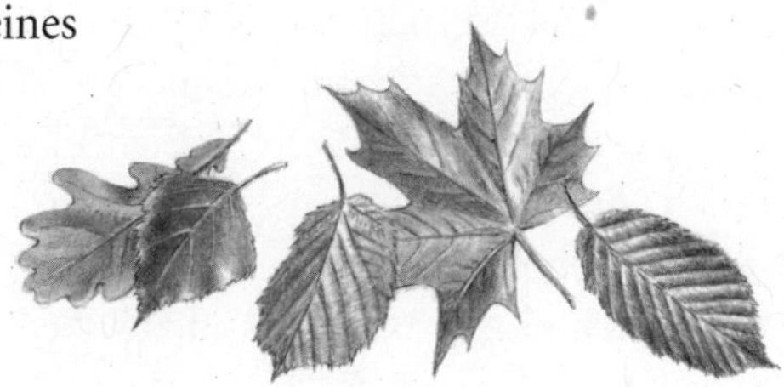

Baufehler erkennen und beseitigen

Die Haltbarkeit eines Weges ist aber vor allem davon abhängig, ob der Aufbau und das Gefälle stimmen. Wenn Baufehler vorliegen, kann die Funktionsfähigkeit eines Weges beeinträchtigt werden – mit oder ohne Pflege. Dann muss der Weg erst einmal in einen Zustand gebracht werden, der dauerhaft seine Funktion sicherstellt.

Pfützen und andere Folgen einer falschen Wasserführung

Auf Seite 65 wurde schon geschildert, wie problematisch Pfützen sind. Angesammeltes Wasser schadet dem Aufbau des Weges immer. Pfützen können sich nur bilden, wenn die Deckschicht eine Vertiefung bildet, also nicht eben ist. Das kann verschiedene Gründe haben: Der Unterbau ist nicht tragfähig genug oder das Gefälle wurde falsch angelegt. Entweder ist es zu gering, zu stark oder ein Hindernis, z. B. ein aufragender Kantenstein, eine Treppe oder eine Wand, verhindern, dass das Wasser vom Weg auch wirklich ablaufen kann.

In einem solchen Fall muss geklärt werden, ob eine Reparatur überhaupt möglich ist. Wenn grundlegende Baufehler gemacht wurden, wenn sich das ablaufende Wasser vor einem Hindernis staut oder wenn die Höhe des Wegeaufbaus zum Beispiel nicht seiner Belastung entspricht, wenn der Weg also schlicht zu »dünn« gebaut wurde, dann hilft nur noch die Neuanlage.

Wenn jedoch das Gefälle und der Aufbau eigentlich korrekt gewählt wurden, dann können die schadhaften Bereiche repariert werden. Manchmal werden die Tragschichten in Teilbereichen nicht ausreichend verdichtet, zum Beispiel an Revisionsschächten oder Hofabläufen. Dann können diese Bereiche abgetragen und neu aufgebaut werden. Der Anschluss an vorhandene Tragschichten ist etwas knifflig. Diese Arbeiten sollten wir Fachbetrieben überlassen.

Besonders wassergebundene Wegedecken sind in dieser Hinsicht empfindlich. Wenn sie, wie das meist der Fall ist, bei aufgehendem Frost nicht gesperrt werden können, dann ist die Pfützenbildung kaum zu vermeiden. Denn sobald die Deckschichten weich sind, bilden sich leicht Vertiefungen. Und wenn dann Wasser erst einmal auf der Fläche stehen bleibt, dann wird bei jedem Regen die Pfütze ein kleines bisschen tiefer und größer. Am besten warten wir nicht zu lange mit der Reparatur. Wir können zwar erst einmal selber versuchen, die Oberfläche um die Pfütze herum zu lockern, gegebenenfalls etwas neues Wegebaumaterial aufzubringen und wieder gut zu verdichten. Meistens ist es aber notwendig, einen Fachbetrieb mit der Renovierung zu beauftragen.

Fehlende oder schadhafte Einfassung

Wenn die seitlichen Schubkräfte in der Deckschicht nicht von den Einfassungen aufgenommen werden können, fangen die Beläge an, nach außen zu wandern. Sobald das zu beobachten ist, sollte die Einfassung wieder befestigt werden. Wenn die Einfassung in ein Betonfundament gesetzt wurde, ist vielleicht die Rückenstütze gebrochen. Dann werden der an die schadhafte Stelle angrenzende Boden und die lockere Rückenstütze entfernt und es wird eine neue Rückenstütze aus Mörtel angebracht. Dabei den festen Beton gut reinigen, am besten mit einem Hochdruckreiniger. Dann kann sich der Mörtel gut mit dem alten Beton verbinden.

Vielleicht wurde eine seitliche Befestigung der Deckschicht auch ganz vergessen? Dann kann manchmal der nachträgliche Einbau einer Kalkschotterbankette helfen. Im Gegensatz zum Einbau starrer Einfassungen erfolgt hier beim Verdichten ein seitlicher Druck gegen die vorhandene Wegedecke und so schmiegt sich die Bankette gut an den vorhandenen Wegebelag an. Dafür werden beidseitig etwa 50 cm breite Streifen am Rand des Weges bis auf die Höhe des Planums ausgekoffert. Auf diese Streifen wird dann eine Kalkschotterbankette, also im Grunde ein Blumenschotterrasen (siehe Seite 105), eingebaut.

Trotzdem bleibt das nachträgliche Anbringen von Einfassungen immer ein Kompromiss, vor allem, wenn sich die Beläge schon sichtbar verschoben haben.

Gebrochene Platten und Pflastersteine

Meistens ist es nicht notwendig, gebrochene Platten oder Pflastersteine zu entfernen. Wenn der Unterbau fachgerecht erstellt wurde und lagerhafte Pflastersteine mit senkrechtem Lager eingebaut wurden (siehe Seite 98), dann entstehen durch gebrochene Steine keine Stolperfallen. Manchmal werden aber auch nicht völlig frostfeste Pflastersteine oder Platten geliefert. Dann kann es passieren, dass Pflastersteine regelrecht zerbröseln. Wenn dies nur an wenigen Stellen der Fall ist, dann können dort die Steine entfernt und durch neue ersetzt werden. Dazu werden die schadhaften Steine herausgehebelt. Meist ist es notwendig, auch noch einige benachbarte Steine und die Bettung herauszunehmen.

Anschließend wird die neue Bettung eingefüllt und alte und neue Steine können eingesetzt werden. Eine Latte, die über die angrenzenden Pflasterflächen gelegt wird, hilft, die Höhen exakt einzuhalten. Bei kleineren Pflastersteinen werden die Steine etwa 6 mm höher eingesetzt und die Fläche wird anschließend verdichtet.

Unerwünschten Bewuchs entfernen

Während im konventionellen Garten Bewuchs auf den Wegen, also die Erstbesiedlung von vegetationsfreien Flächen, generell unerwünscht ist, wird sie im naturnahen Garten meist begrüßt und durch eine wohlbedachte Ansaat oder Pflanzung in Gang gesetzt. Aber wird dadurch der Weg nicht geschädigt? Dies kann verhindert werden, wenn die Sukzession durch Pflegemaßnahmen auf einem frühen Niveau gehalten wird. Vor allem geht es hier darum, das Aufkommen von Gehölzen und einer dicken Humusschicht zu verhindern. Die Lebensgemeinschaften auf den Wegen sollen das Bauwerk nicht schädigen und die Funktion der Wege nicht beeinträchtigen.

Wichtig ist vor allem, dass die Wurzeln der Pflanzen nicht dicker werden, als die Fugen des Pflasters breit sind. Gehölze, deren Wurzeln mit der Zeit ja immer dicker werden, haben auf befestigten Flächen nichts zu suchen. Sie werden frühzeitig gejätet oder, wenn das nicht möglich ist, zum Beispiel, weil wir die junge Birke ein paar Jahre übersehen haben, regelmäßig bodennah abgeschnitten, bis alle Nährstoffspeicher erschöpft sind und die Pflanze eingeht.

Wenn sich auf einem kaum genutzten Pflasterweg eine dichte Vegetationsmatte entwickelt hat, sodass die Steine nicht mehr zu sehen sind, dann ist es Zeit, die Sukzession wieder auf ein früheres Stadium zu bringen. Der Bewuchs kann zum Beispiel dicht über den Steinen mit einer Schuffel abgeschnitten werden. Eine Schuffel ist eine Sonderform der Hacke. Das Hackenblatt ist vorne recht scharf und steht mehr oder weniger waagerecht. Eigentlich sieht sie aus wie ein großes, waagerechtes Messerblatt an einem Hackenstiel. Damit können in Beeten unerwünschte Pflanzen dicht unterhalb der Bodenoberfläche durchtrennt werden. Auf festen Wegeflächen kann die Schuffel über den Belag gezogen oder geschoben werden und schneidet den Bewuchs dann ab, ohne dass man sich bücken muss. Es gibt aber auch kleine Handgeräte, mit denen besonders fein gearbeitet werden kann.

Eine andere Möglichkeit ist das Abflammen des Bewuchses bei trockenem Wetter. Dass dabei auch einige Tiere getötet werden, ist leider nicht zu verhindern. Es ist der Preis dafür, dass hier ein seltener magerer Standort gegründet wurde. Um ihn zu erhalten, müssen nachfolgende Besiedlungsstadien zerstört werden. Es gibt Abflammgeräte, die mit offener Flamme, mit Infrarotstrahlung, mit Heißluft oder mit Heißwasser arbeiten.

Nur kleine Pflänzchen sollten mit Wurzel herausgezogen werden. Denn mit größeren Wurzeln kommt immer auch ein Teil des Wegebaumaterials heraus, z. B. des Splitts, mit dem Fugen gefüllt wurden. Bei wassergebundenen Wegen schädigt dieser Effekt die Wegedecke noch mehr als bei gepflasterten Wegen.

Übrigens wirkt vor allem die Nutzung der Wege in dieser Hinsicht »pflegend«, je mehr ein Weg genutzt wird, desto länger wird es dauern, bis der Bewuchs den Wegebelag überwachsen hat. Bei regelmäßig genutzten Wegen läuft die (zer-)störende Wirkung des Tritts der Ausbreitungsfähigkeit der Pflanzen entgegen, dann muss der Bewuchs gar nicht mehr reduziert werden.

Wenn wassergebundene Wege gepflegt werden, die Deckschicht also gelockert und wieder verdichtet wird, dann wird auch gleichzeitig der Bewuchs entfernt. Im Profibereich gibt es Geräte mit knapp unter der Wegeoberfläche rotierenden Messern und nachlaufenden Walzen. Bei diesen Geräten steht dann die Entfernung des Bewuchses im Vordergrund und das Ebnen und Verdichten der Deckschicht ist ein willkommener Nebeneffekt.

Auch bei einem perfekt gepflegten naturnahen Weg stehen im Spätwinter wie in den Staudenbeeten oft noch einige Staudenstängel auf den Flächen. Sie können, wenn der Frühling kommt und wir den Winter nicht mehr sehen wollen, abgeschnitten werden. Die Stängel werden dann im Garten (möglichst aufrecht) noch eine Weile gelagert, damit die darin überwinternden Tiere noch schlüpfen können.

Früher wurden Wege oft mit Herbiziden behandelt, um sie unkrautfrei zu halten. Inzwischen wurde in Deutschland mit dem Pflanzenschutzgesetz von 2008 wegen der Gefahren für Mensch und Tier und der vielfältigen Probleme, die die Herbizide, z. B. in Kläranlagen, bereiten, die Anwendung von Unkrautvernichtern auf unbewirtschafteten Flächen verboten. Auch Wege gelten als nicht bewirtschaftet, hier wird eine Sondergenehmigung des Pflanzenschutzamtes benötigt, bevor Unkrautvernichter zum Einsatz kommen dürfen. Genauso sind übrigens auch Essig oder Essigreiniger und Salz als unkonventionelle Unkrautvernichter verboten, denn auch sie schädigen den Boden und töten das Bodenleben. Insbesondere große Salzmengen im Boden lassen die Pflanzenwurzeln austrocknen, sie werden quasi »gepökelt«, was dazu führt, dass die Pflanzen auch in gut feuchtem Boden Trockenschäden erleiden. Naturschützer und Naturgärtner begrüßen dieses Verbot. Zur Philosophie des naturnahen Gartens gehört es ja ohnehin, dass der Garten ohne chemische »Pflanzenschutzmittel« gepflegt wird.

Laub auf den Wegen

Da die meisten naturnahen Wege eine relativ raue Oberfläche haben, wird der Weg durch nasses Laub kaum rutschig. Wenn Laub jedoch in windstillen Bereichen liegen bleibt, entsteht aus dem Laub über den Winter »Laubkompost«.

Sonnenhungrige Pflanzen, vor allem wintergrüne Stauden der Trockenstandorte, werden durch eine Laubdecke im Winter oft geschädigt. Anders ist es an Schattenplätzen. In den Ecken, wo wir sowieso nicht so häufig laufen und wo wir deshalb vielleicht einige höhere Pflanzen gepflanzt oder gesät haben, profitieren Engelsüß und Hirschzunge von einer winterlichten Laubdecke. Sie imitiert die Bedingungen am natürlichen Standort. Das Laub kompostiert dann vor Ort und versorgt die Schattenpflanzen mit Nährstoffen. Auf sonnigen Trockenstandorten ist eine solche Düngung unerwünscht. Auch deshalb entfernen wir dort das Laub. Sollte die Humusschicht auf den Schattenstandorten so

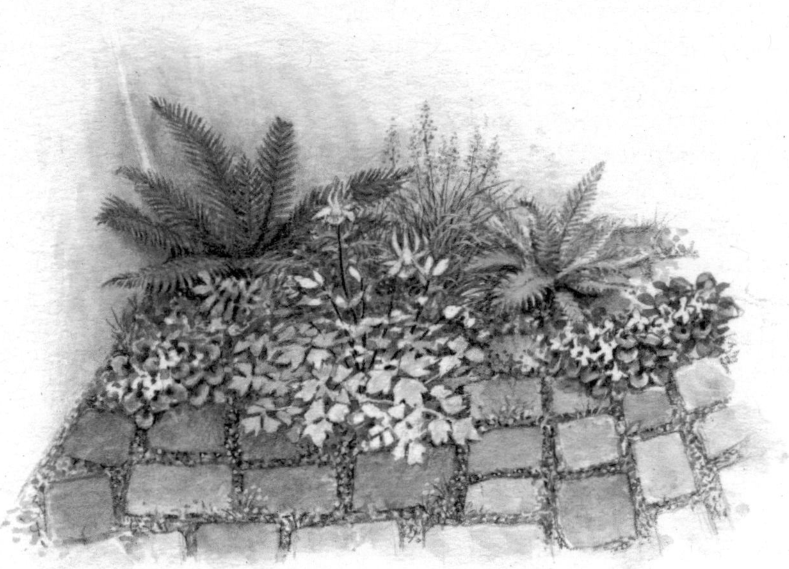

Im Schatten wachsen Farne, Gräser und einige blühende Stauden wie Akeleien.

hoch werden, dass die Steine überdeckt werden, sollten wir auch hier das Laub lieber entfernen.

Natürlich wird nicht jeder Laub auf den Wegen als schön empfinden. Wenn die herabfallenden Blätter stören, empfiehlt es sich, die Wege nach Ende des Laubfalls mit dem Rechen abzuharken. Dann ist das Laub meist noch trocken und lässt sich mit einem Arbeitsgang entfernen. Das Arbeiten mit dem Rechen ist zwar anstrengender als das Verwenden eines Laubsaugers. Es ist aber viel leiser und dazu energiesparend. Der Lärm von Laubsaugern kann 115 Dezibel erreichen, das entspricht der Lautstärke eines Presslufthammers! In Deutschland erlaubt die Maschinenlärmschutzverordnung das Benutzen eines Laubsaugers deshalb nur an Werktagen in der Zeit von 9 bis 12 Uhr und von 15 bis 17 Uhr. Manche Kommunen schränken diese Zeiten noch weiter ein.

Beim Rechen werden auch keine gesundheitsschädlichen Abgase freigesetzt. Die in Gartengeräten eingesetzten Zweitakt-Motoren produzieren so viele Abgase wie 200 Autos mit Katalysator. Zusätzlich wird der Feinstaub, der sich auf den Wegen abgelagert hatte, in die Luft geblasen. Mit dem Laubsauger werden auch unzählige Kleintiere eingesaugt und oft genug getötet, insbesondere, wenn das Laub nach dem Ansaugen gehäckselt wird, damit der Laubsack nicht so oft entleert werden muss. Ist das Arbeiten mit dem Rechen auf größeren Flächen tatsächlich zu anstrengend, dann sollte wenigstens ein Laubbläser mit Elektromotor gewählt werden. Diese Geräte sind meistens leiser und es entstehen keine gesundheitsschädlichen Abgase vor Ort.

Ameisen unter dem Pflaster

Platten und Pflastersteine heizen sich im Sommer auf. Dies entdecken manche Ameisenvölker und nutzen die gepflasterten Wege als Brutschränke für ihre Nachkommen. Vor allem die Schwarze Wegameise *(Lasius niger)* hat dieses Ersatzbiotop für sich entdeckt.

Die meiste Zeit des Jahres fallen die Völker dieser Ameisen nicht sehr auf. Nur zur Zeit des Schwärmens, wenn also für eine kurze Zeit geflügelte Königinnen und Männchen auftreten, wird vermehrt Sand aus dem Bau gebracht. Die Eingänge werden für die Vielzahl der ausfliegenden Geschlechtstiere erweitert. Was folgt, sieht dramatisch aus: Hunderte, ja Tausende auffällig geflügelte Insekten verlassen das Nest. Der Schluss liegt nahe, dass unser Garten, ja sogar unser Wohnviertel von einer Ameisenplage heimgesucht wird, denn meist schwärmen die Ameisen einer Region gleichzeitig. Die Königinnen werden von Männchen befruchtet, landen wieder, beißen sich die Flügel ab und gründen ein neues Nest. Nach ein paar Stunden schon ist das Gekrabbel dann vorbei, auch wenn noch ein paar Tage lang kleinere Mengen an Ameisen zum Hochzeitsflug starten.

Im Gegensatz zur Braunen Wegameise *(Lasius brunneus)*, die ihre Nester manchmal in Häusern gründet und dazu Holz oder Styropor so stark aushöhlt, dass die Tragfähigkeit von Balken gefährdet sein kann, ist die Schwarze Wegameise nur ein sogenannter »Lästling«. Gartenbesitzer, die nicht wissen, dass es sich bei der plötzlichen »Massenvermehrung« um ein Ereignis handelt, dass nur einmal im Jahr auftritt, glauben oft, dass sie ab sofort ihre Terrasse mit Tausenden von Ameisen teilen müssen, und greifen dann zur Giftspritze. Dabei hört dieses interessante Phänomen auch ohne Bekämpfung der Tiere von alleine bald schon wieder auf.

Bei Plattenbelägen kann es vorkommen, dass durch die Grabetätigkeit der Ameisen einzelne Platten absacken. Das ist aber viel seltener der Fall als befürchtet. Nach dem Schwärmen sollte der herausgebrachte Sand wieder in die Fugen eingefegt werden. Wenn Platten in Splitt ohne Feinanteil verlegt werden (zum Beispiel 2/5 oder 4/6), dann ist ein Absacken nicht zu befürchten, da die Splittsteinchen für die Ameisen zu schwer sind.

Wenn wir ein entspanntes Verhältnis zu »unseren« Ameisen haben, werden wir vielleicht mit interessanten Naturbeobachtungen belohnt: Grünspechte sind auf Ameisen spezialisiert und kommen öfters auch einmal auf Terrassen und Wege, um ihre Lieblingsnahrung zu suchen. Dass es Ameisenarten gibt, die in Rasen und unter Wegebelägen ihre Nester bauen, ist ein Glück für den Grünspecht. Immer mehr Grünspechte finden sich in Städten und Dörfern, wo sie auf aufgegebenen, ehemals versiegelten und jetzt verbrachenden Flächen reichlich Nahrung finden.

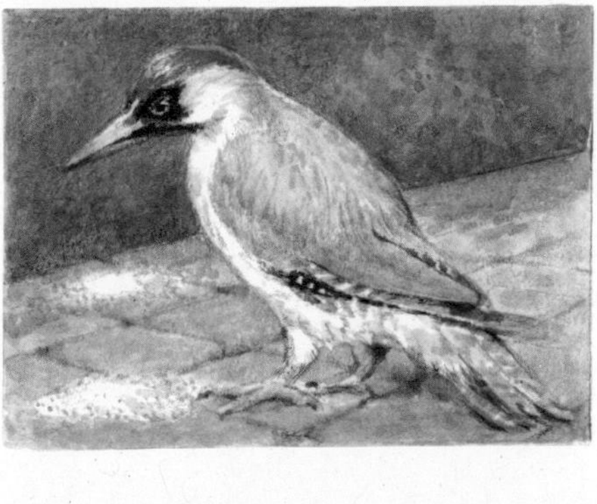

Im Gegensatz zu den meisten Spechten bei uns ist der Grünspecht ein »Erdspecht«. Während seine Verwandten nicht nur in alten, morschen Bäumen ihre Nester bauen, sondern auch ihre Nahrung an Bäumen finden, sucht der Grünspecht seine Nahrung auf magerem Boden, der gut durchsonnt ist. Dort haben die Ameisen genügend Wärme für ihre Brut und der »Tisch« ist für den Grünspecht reich gedeckt. Deshalb wird er manchmal auch »Grasspecht« genannt. Früher traf man ihn besonders auf Streuobstwiesen an. Dort fand er genügend Ameisen auf beweideten oder gerade gemähten Flächen und es gab auch ältere, teils morsche Obstbäume, in denen er seine Höhlen bauen konnte.

Die Bestände der Grünspechte schwankten stark, denn in Schneewintern kamen sie nicht mehr an ihre Nahrung heran. Solche harten Winter werden unsere Grünspechte durch den Klimawandel wohl in Zukunft kaum noch erleben müssen. Deshalb wird sich diese Art wohl weiter ausbreiten, obwohl ihr Hauptlebensraum, die Streuobstwiesen, immer mehr verschwindet. Die Grünspechte haben in Städten und Dörfern in Gärten, Parks und auf Industriebrachen einen guten Ersatzlebensraum gefunden – wie so manch andere Vogelart, die früher nur auf dem Land oder in Wäldern vorkam.

Übrigens bauen die Grünspechte so viele Höhlen, dass für Meisen, Stare und Schnäpperarten genügend Wohnraum zur »Nachmiete« gleich mit geschaffen wird. Dabei bevorzugen sie Weichholzarten wie Pappeln oder Weiden. Morsche Pappeln sollten deshalb, wenn möglich, stehen bleiben und nur so weit zurückgeschnitten werden, dass sie keine Gefahr darstellen.

Ameisen umsiedeln

Lästige Ameisennester können aber auch umgesiedelt werden: Wir setzen einen mit Holzwolle gefüllten großen Blumentopf umgedreht in die Nähe des Nestes. Nach einiger Zeit befindet sich ein Großteil des Nestes im Blumentopf. Er kann jetzt mitsamt dem Inhalt (Blech oder Ähnliches darunter schieben) an einen anderen Ort transportiert werden. Wenn die Königin auch in den Blumentopf umgezogen war, ist das Problem gelöst.

Wege, die regelmäßig renoviert werden

Was beim Bau kostengünstig ist, ist oft aufwendiger in der Unterhaltung. Dies gilt auch im Wegebau. Wege mit Oberflächen aus Stein sind fast unbegrenzt dauerhaft, wenn sie entsprechend der zu erwartenden Belastung korrekt gebaut sind und auch gepflegt werden. Wege mit lockeren oder biologisch abbaubaren, kompostierbaren Deckschichten nutzen sich durch Belastung und Wettereinflüsse ab. Regen spült kleine Teilchen vom Weg herunter, solche Wege sind der Erosion ausgesetzt. Diese Wege brauchen in mehr oder weniger großen Abständen eine Renovierung, bei der zumindest die Deckschicht erneuert wird.

Holzhäckselwege und Holzpflasterwege

Holz ist vergänglich. Es muss in regelmäßigen Abständen ersetzt werden. Bei Rindenmulch- und Holzhäckselwegen ohne Unterbau muss jedes Jahr Material ergänzt werden. Ist ein Unterbau vorhanden, wird das je nach Klima ungefähr alle drei Jahre der Fall sein. Holzpflaster muss dann aufgenommen und mit neuen Stammstücken neu verlegt werden, wenn die Benutzung des Weges nicht mehr als angenehm empfunden wird. Das hängt sehr von den Nutzern ab. Manch einer stört sich schon an wenigen Stolperkanten, für andere gehört die Unebenheit des Weges vielleicht zur erwünschten Qualität. Bei Holzpflaster werden dort, wo die Unebenheiten stören, der gesamte Belag und die Bettung entfernt. Schadhafte Stammstücke können dann im Garten als Totholzbiotop aufgeschichtet werden, vorausgesetzt, sie sind unbehandelt. Dann wird die aufgenommene Fläche neu verlegt, wobei die neuen Stammstücke gleichmäßig auf der Fläche verteilt werden.

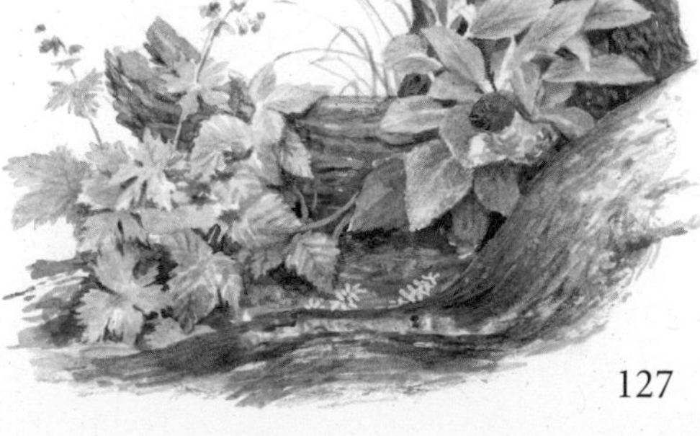

Wassergebundene Wegedecken und »Kieswege«

Im Gegensatz zu gepflasterten oder mit Platten befestigten Wegen ist die Deckschicht wassergebundener Wege mit der Zeit und durch die Nutzung einem gewissen Verschleiß ausgesetzt. Wassergebundene Wege müssen deshalb in regelmäßigen Abständen renoviert werden. Dazu werden die obersten 3 bis 5 cm des Weges aufgebrochen und – wie beim Bau – vorzugsweise mit einer Walze wieder verdichtet. Wenn zu viele große Steine an die Oberfläche gelangt sind, dann kann noch einmal feiner Splitt aufgebraucht und ebenfalls verdichtet werden. Diese Arbeiten sollte ein erfahrener Fachbetrieb ausführen.

Wenn der Weg seine Verschleißschicht schon mehr oder weniger vollständig eingebüßt hat, werden dynamische Schicht und Verschleißschicht abgezogen, die Tragschicht nachgearbeitet und anschließend werden die Deckschichten neu aufgebaut.

Genauso wie die Deckschicht der wassergebundenen Wege ist auch die Oberflächenveredelung mit Kies eine Verschleißschicht. Sie kann durch Aufbringen von neuem Kies renoviert werden. Manchmal ist aber auch die Renovierung der darunterliegenden wassergebundenen Wegedecke notwendig.

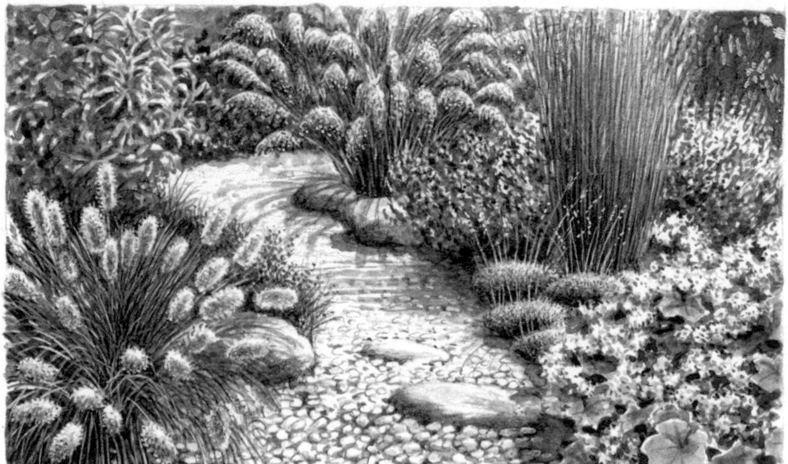

Den noch vorhandenen Kies wieder zu verwenden, ist oft zu aufwendig, da er zumeist vor dem Wiedereinbau gereinigt werden müsste. Er kann aber an einem anderen Ort im Garten für einen Trockenstandort oder als Mulchschicht verwendet werden. Der Weg bekommt dann eine neue Deckschicht aus angeliefertem Kies.

Wie kann Wasser einen Weg binden?
Wasser bindet die Wegematerialien übrigens nicht nur beim Bau des wassergebundenen Weges. Damit das Gefüge der Schotter- und Splittschichten erhalten bleibt und sich nicht auflöst, ist dauerhaft ein moderater Wassergehalt im Weg notwendig. Ist zu viel Wasser vorhanden, wird der Weg schlammig, ist zu wenig vorhanden, wird der Weg staubig. Wassergebundene Wege brauchen beides: einen guten Wasserabzug bei viel Regen und den Aufstieg von Wasser aus dem Untergrund bei trockenen Wetterlagen.

Damit das Wasser bei Regen gut abzieht, ist es wichtig, dass der Weg fachgerecht aufgebaut ist und vor allem das Gefälle von Planum, Trag- und Deckschichten exakt hergestellt wird (siehe Seite 79). Damit auch bei heißen Wetterlagen genügend Wasser im Wegeaufbau vorhanden ist, um ihn zu binden, müssen die Materialien aus dem Planum heraus einen kapillaren Wasseraufstieg gewährleisten. Mit Kapillaren sind feine Hohlräume im Material gemeint, in denen Wasser entgegen der Schwerkraft aufsteigt. Wir kennen das, wenn Ärzte ein wenig Blut für einfache Tests entnehmen. Sie halten ein feines Glasröhrchen an einen Blutstropfen, der sich von alleine in das Röhrchen hineinzieht. Die Anhaftungskräfte an der Glaswand sind stärker als die Schwerkraft. Solche Anhaftungskräfte gibt es auch in den Bodenporen. In Wegebaumaterialien bilden sich diese Kapillaren, wenn die Schotter und Splitte auch staubfein gemahlenes Gestein enthalten. Man kann das daran erkennen, dass die Bezeichnung mit einer Null anfängt: 0/45, 0/32, 0/16, 0/8 oder 0/5. (Mehr zu den Körnungen siehe Seite 82.)

Pflege des Schotterrasens und der Kalkschotterbankette

Bei Schotterrasen und Kalkschotterbanketten geht es in der Pflege hauptsächlich darum, den Bewuchs an die eigenen ästhetischen Ansprüche anzupassen. Je nachdem, wie sehr trockene Staudenstängel oder die ungleichmäßige Höhe der entstehenden Magerrasenvegetation stören, können wir die Fläche mehr oder weniger häufig mähen. An der Oberfläche kann aber der eine oder andere Kalkschotterstein liegen, deshalb ist der Rasenmäher, insbesondere, wenn er motorgetrieben ist, nicht zum Mähen des Schotterrasens geeignet. Sense oder Sichel eignen sich da besser. Wenn viel Mahdgut anfällt, wird es am besten wie bei einer Wiesenpflege auf der Fläche getrocknet und erst dann abgeräumt. Die meisten Schotterrasenflächen müssen aber nicht gemäht werden und werden allein durch die Benutzung gepflegt.

In den Bereichen, wo Schotterrasen häufig begangen oder befahren wird, bleibt der Bewuchs kürzer, im Extremfall können diese Stellen sogar verkahlen. Dies geschieht meist dort, wo Autos über Tage oder Wochen auf einem Schotterrasen abgestellt werden. Wenn diese Flächen dann noch besonderen Beanspruchungen ausgesetzt sind, z. B., weil die Autos auf der Stelle gewendet werden oder weil eine steilere Neigung vorliegt, dann können sich diese kahlen Stellen vertiefen. An diesen Stellen sollte die Deckschicht aufgelockert, neues Material aufgebracht, verdichtet und dann wieder eingesät werden.

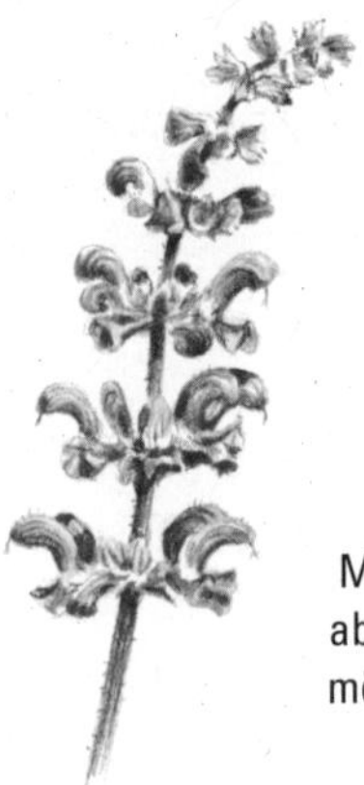

Stängel des Salbeis oder anderer Pflanzen der Magerrasenvegetation können dort, wo sie stören, abgeschnitten werden. Über Winter sollten sie aber möglichst stehen bleiben, um Insekten Unterschlupf und Vögeln Nahrung zu bieten.

Mit Wegen den Garten gestalten

»Den Garten zeichnen, den Sie sich immer schon gewünscht haben, aber nicht sehen konnten«, das ist das Ziel der Gartenberatungen, die einen Teil meiner professionellen Arbeit darstellen. Die Kunden bekommen vor dem Termin einen Fragebogen und schicken mir mit dem ausgefüllten Fragebogen eine Plangrundlage, den Lageplan oder Katasterauszug und den Grundriss vom Erdgeschoss des Hauses, zu. Aus diesen Grundlagen zeichne ich am Computer dann ein Blatt, auf das ich während der Beratung schon den ersten Gartenplan zeichne.

Der Garten wird also gemeinsam mit den Nutzern und vor Ort entsprechend den Wünschen und Vorlieben meiner Kunden geplant. Wie eine Speisekarte in einem guten Restaurant versorge ich die Gartenbesitzer mit verschiedenen Ideen, aus denen sie sich ihr spezielles »Gartenmenü« aussuchen. Wir legen gemeinsam fest, was im Garten wo getan und erlebt werden kann, wo der oder die Sitzplätze angelegt werden, wo Gartenräume für Naturerlebnis, Nutzpflanzen, Spiel oder Werken und Lagern sind.

Ein wichtiger Punkt bei den Beratungen ist immer das Planen der Wege, die die einzelnen Gartenräume verbinden. Sie bestimmen ja in großem Maße das Gesicht des Gartens. Verlaufen sie deutlich und gerade, wird der Garten also in einem formalen Stil gestaltet, oder ist die Wegeführung eher organisch und natürlich? Welche Oberflächen passen zum Stil des Gartens und ins Budget der Familie?

Nach der Beratung beauftragen mich die Kunden meist damit, die Bleistiftskizze dann noch einmal neu zu zeichnen. Die Beispiele, die im Folgenden besprochen werden, sind Gartenpläne, die bei solchen Beratungen entstanden sind. Es handelt sich um Handzeichnungen, mit deren Hilfe die bei den Beratungsterminen entwickelten Gestaltungsideen deutlich zu erkennen sind. Es sind noch keine ausgearbeiteten Entwurfs- oder Ausführungspläne, wie sie während einer klassischen »Vollplanung« erarbeitet werden. Meist reichen sie aber für die Umsetzung in Eigenleistung aus.

Wege und Plätze im Vorgarten

Zwischen Straße und Hauseingang liegt der Vorgarten. Damit für den eigentlichen Garten genügend Platz bleibt, ist der Vorgarten bei den meisten Häusern relativ klein. Die Herausforderung bei der Gestaltung des Vorgartens ist, dass er nicht nur schön sein soll und die Bewohner des Hauses – ob gewollt oder nicht – repräsentiert, sondern dass über diese Fläche das Haus auch zugänglich gemacht wird: Von der Straße kommend, gelangen Besucher und Bewohner zur Haustür. Auch die Fahrzeuge der Bewohner gelangen über die Fläche des Vorgartens zu ihren Stellplätzen: Bobbycars, Dreiräder, Fahrräder, Autos. Und dann sind da noch die vielen bunten Mülltonnen, die einen Platz brauchen, an dem sie nicht negativ auffallen und von dem sie auf kurzem Weg an den Straßenrand gerollt werden können.

Über die Fläche des Vorgartens verläuft also eine Vielzahl an Wegebeziehungen. Je nach Größe des Hauptgartens und abhängig von der Einstellung der Bewohner des Hauses stellt sich auch die Frage, wo die Grenze zwischen dem öffentlichen Bereich und der Privatsphäre verläuft. Fängt der Privatbereich an der Grundstücksgrenze an und ist das Grundstück zum Straßenraum mit einem Zaun mit Toren abgegrenzt? Oder soll der Vorgarten nur eine Erweiterung des Straßenraumes sein, vielleicht sogar zur öffentlichen oder halböffentlichen Nutzung einladen? Im Folgenden werden einige beispielhafte Situationen und Lösungen dargestellt.

Der Vorgarten als halböffentlicher Platz

Der Garten, der als Ausschnitt auf der folgenden Seite skizziert wurde, liegt am Ende eines Stichweges, das Auto wird in der Nähe des Eingangs abgestellt, bei Bedarf muss es aber bis zur Haustür fahren können. Der Weg zum Haus wurde deshalb als Platz gestaltet. Dafür wählten die Bewohner das versickerungsoffene Arena-Pflaster mit abgerundeten Ecken. Bei größerem Budget hätte auch ein Naturstein-Kleinpflaster gewählt werden können. Die Platzsituation wird dadurch betont, dass die Pflastersteine in konzentrischen Reihen im Viertelkreis verlegt

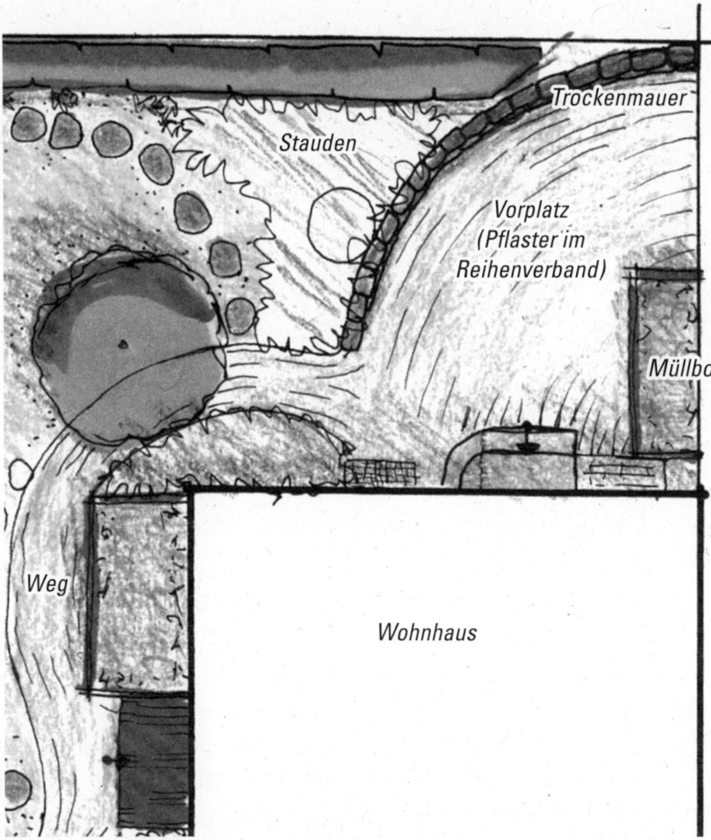

Hier wird im Eingangsbereich Arena-Pflaster verlegt.
Die Trockenmauer hat die passende Höhe, um darauf Platz zu nehmen.

werden. Eine Trockenmauer in Sitzhöhe bildet die Grenze zum Privatgarten. Sie dient so auch als Sitzbank am Rand des Platzes. Hier können sich Bewohner, Besucher und Nachbarn jederzeit zu einem kleinen Schwätzchen treffen. Hinter der Sitzbank ist Kalkschotter wallartig angeschüttet, die Bepflanzung mit hohen Stauden schafft eine leicht durchsichtige Raumgrenze zum Hauptgarten. Eine Müllbox mit Dachbegrünung schafft auf dem Vorplatz außerdem noch ein attraktives Mini-Gärtchen.

Die Garageneinfahrt

Während der Weg zum Eingang des Hauses meistens mit besonders hochwertigem Material gestaltet wird, ist die Zufahrt zur Garage oft von untergeordneter Bedeutung. Autos brauchen viel Fläche. Da ist es besonders sinnvoll, für Garageneinfahrten und Stellplätze die Chancen der naturnahen Bauweisen zu nutzen. Vor allem der Schotterrasen bietet sich an. Versickerungsoffen und mit seltenen einheimischen Wildpflanzen begrünt, ist er der Tausendsassa unter den naturnahen Wegebefestigungen. Wenn Schotterrasenflächen nur gelegentlich überfahren werden oder nur gelegentlich von Besuchern betreten werden, wird sich eine schöne und blütenreiche Grasflur entwickeln. Die Garageneinfahrt wird so zu einem Teil der Grünfläche und »verschwindet« gestalterisch in der Gartenfläche.

Allerdings kann man nicht in jedem Fall einen grünen Teppich erwarten, wenn Zufahrten und Stellplätze mit Schotterrasen befestigt werden.

Wenn die Flächen oft befahren werden, dann werden sich auf ihnen Fahrspuren entwickeln, sodass ein Bild wie auf einem (nicht asphaltierten) Feldweg entsteht. Dort, wo die Autos tage- oder wochenlang stehen, werden die Pflanzen schlecht oder gar nicht gedeihen. Dieser ländlich dörfliche Eindruck wird von manchen begrüßt werden, anderen wird er nicht gefallen und der Stellplatz wird dann doch mit einer festen Oberfläche versehen.

Aber auch wenn die Garageneinfahrt gepflastert wird, kann sie noch begrünt werden: durch weitfugige Verlegung von Pflastersteinen, vielleicht auch nur auf Teilflächen, oder durch Aufbrechen der großen Pflasterfläche durch Teilflächen, die mit Blumenschotterrasen befestigt werden und dann wie Beete wirken. Auf diesen Flächen entspricht der Blumenschotterrasen in seiner Funktion einer Kalkschotterbankette, dient also gleichzeitig der seitlichen Befestigung der Pflastersteine. Diese »Beete« können deshalb ohne Bedenken mit dem Pkw befahren werden.

Der Weg durch die Garageneinfahrt

Manchmal ist der Hauseingang über die Garageneinfahrt zu erreichen. Nicht jedem gefällt es, über einen Schotterrasen mit »Feldwegambiente« zum Hauseingang zu gehen. Außerdem bleibt beim Laufen über Schotterrasen das eine oder andere Sandkörnchen unter den Schuhen. Das ist ein Problem, wenn im Haus kratzempfindliche Bodenbeläge wie Parkett verlegt sind.

Hier bietet sich eine stärkere Befestigung der Flächen vor dem Hauseingang an. Wegen des Hauseingangs aber die gesamte Garagenauffahrt aufwendig und repräsentativ zu befestigen, wird manches Budget überstrapazieren und ist auch wegen der notwendigen Befahrbarkeit besonders kostenintensiv. So müssen Platten und Betonpflaster mindestens 8 cm dick sein, um nicht unter der Last eines Pkw zu brechen.

Auch hier hilft es, die Fläche, die für die Autos gebraucht wird, gestalterisch in den Hintergrund zu rücken und zur Grünfläche zu machen, also als Blumenschotterrasen anzulegen. Der aufwendiger gestaltete Fußweg zum Haus wird dann durch eine untergeordnete Fläche geführt. Dieser Weg zum Eingang muss natürlich genauso wie die übrige Fläche befahrbar gebaut werden, was die Deckschichten und die Dicke des Gesamtaufbaus betrifft.

Durch die Möglichkeit, mit zwei Materialien zu »spielen«, können Zufahrten, die eine langgestreckte Form haben, dabei in unterschiedliche Räume untergliedert werden.

Auf Seite 40 finden Sie dazu ein Beispiel abgebildet. Es handelt sich bei dieser Planung um eine Zufahrt zu einer Garage, die nur selten genutzt wird. Nur gelegentlich wird hier Material transportiert, ansonsten fahren über die Fläche nur Fahrräder. Die Zufahrt wurde als Blumenschotterrasen angelegt. Ein gepflasterter Weg führt zum Hauseingang. Gegenüber dem Eingang kann sogar eine Gartenbank auf die Schotterrasenfläche zwischen den beiden gepflasterten Flächen gestellt werden, die zu Gesprächen »zwischen Tür und Angel« einlädt. Wenn dann doch einmal ein Auto mit Hänger kommt, wird die Bank vorher weggeräumt.

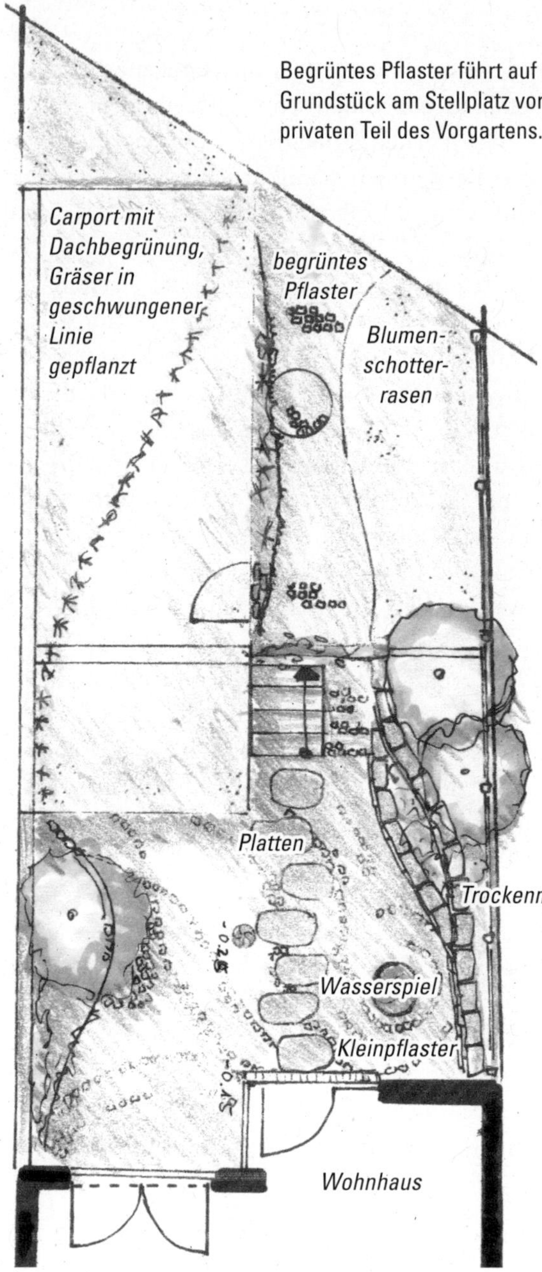

Begrüntes Pflaster führt auf diesem Grundstück am Stellplatz vorbei in den privaten Teil des Vorgartens.

Der private Vorgarten

Manchmal soll die Vorgartenfläche als Privatgarten genutzt werden, zum Beispiel, weil der Hauptgarten besonders klein ist, weil die Vorgartenfläche groß ist oder weil sie nach Süden ausgerichtet und deshalb besonders attraktiv ist. Wieder gilt es zu entscheiden, wo die Grenze zwischen dem »öffentlichen« Bereich, der quasi noch Teil des Straßenraumes ist, und dem Privatgarten sein soll.

In der Abbildung auf Seite 136 wird diese Grenze durch eine Treppe gebildet. An der Straße wurden der Stellplatz und die Carportzufahrt mit Schotterrasen befestigt, nur der Zugang durch diesen Bereich zur Haustür wurde gepflastert. Im privaten Bereich wurde ein Sitzplatz in schwingenden Linien gepflastert, durch den sich der Weg zum Eingang als Plattenweg zieht. Die Trockenmauer kann auch als Sitzbank genutzt werden, ein Wasserspiel gibt der Fläche einen optischen Anziehungspunkt und die gestalterische Begründung für die schwingenden Linien.

Der Vorgarten als Hauptgarten

Mehr Garten ist nicht: In der Abbildung auf Seite 34 wurde der Gartenplan bereits vorgestellt, der gesamte Garten der Familie besteht aus der langen Zufahrt zur Garage mit einer kleinen Erweiterung an der Haustür. Die gesamte Fläche war mit Beton ausgegossen. Der Betonbelag wurde von der Familie in Eigenleistung mit dem Presslufthammer ausgebaut und entsorgt.

Auch hier kommt nun das Potential des Blumenschotterrasens zum Tragen: Dazwischen teilt ein s-förmiger Weg (im Reihenverband verlegtes Kleinpflaster) den Blumenschotterrasen in einzelne Bereiche ein. Vor dem Haus wird die Linie des Weges als Intarsie im Polygonalplattenbelag weitergeführt. Die benachbarte Kräuterspirale nimmt die Schneckenform der Spirale auf und schafft außerdem einen starken »Hingucker« in diesem Mini-Garten. Zwei markante Gehölze (Schwarzer Geißklee) bilden links und rechts des gepflasterten Weges ein »Tor«.

Der Vorgarten als halböffentlicher Naturerlebnisraum

Auf dem Grundstück, das bereits auf Seite 78 vorgestellt wurde, gibt es eine recht große Vorgartenfläche. Wieder ist die Garageneinfahrt mit Blumenschotterrasen begrünt. Zum Eingang führt ein geschwungener, schmaler Weg aus Natursteinkleinpflaster. Durch diese Verschwenkung blickt man von der Haustür aus nicht direkt auf Straße und Gehweg, sondern auf einen kleinen Wall mit niedrigen Wildsträuchern. An der Innenseite des Walls gibt es einen Kinderspielbereich mit Sandfläche und einigen Baumstämmen, die zum Sitzen, Balancieren und Klettern einladen. Auf der anderen Seite des Weges zum Eingang fasst eine niedrige Wildstrauchhecke einen kleinen, mit Polygonalplatten belegten Platz vor dem Arbeitszimmer ein. So entstehen hier halböffentliche Kommunikationsräume und der Vorgarten lädt die Kinder der Nachbarschaft zum (Mit-)Spielen ein.

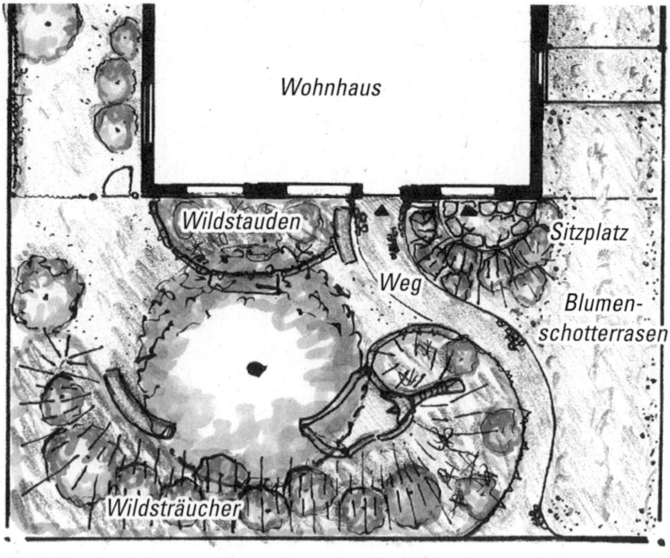

Halb öffentlich, halb verborgen: eine recht große Vorgartenfläche.

Sitzplatz im Vorgarten

In diesem nach Süden ausgerichteten Vorgarten gibt es einen großen Stellplatz – mit Blumenschotterrasen begrünt – und eine großzügige Zufahrt zur Garage. Trotzdem konnte dem schmalen Vorgarten ein kleiner privater Sitzplatz vor der Küche abgetrotzt werden: Gabionen schaffen Sicht- und Schallschutz zu Gehweg und Straße. Sie sind nur an den Außenseiten mit Steinen gefüllt, innen wurde Dachbegrünungssubstrat eingefüllt. Deshalb können auf der oberen Gabionenfläche sonnenliebende Küchenkräuter wie Salbei, Thymian, Lavendel, Oregano gezogen werden.

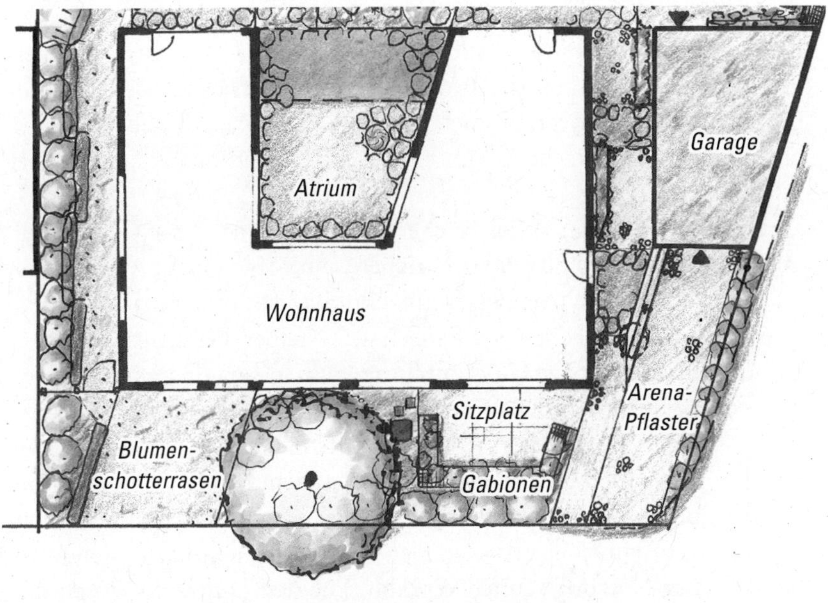

Begrünte Gabionen schaffen im Mini-Vorgarten ausreichenden Sichtschutz für den kleinen Sitzplatz.

Der Weg ums Haus

Ähnlich wie Garagenzufahrten sind die Flächen neben dem Haus oft lang und schmal. Um hier dem unangenehmen, schlauch- oder handtuchartigen Eindruck entgegenzuwirken, ist es wichtig, die lang gestreckte Fläche in Räume zu unterteilen, die angenehmere Proportionen haben.

Schmale Räume untergliedern

Dieser Garten (rechts im Bild) besteht eigentlich nur aus einem schmalen, 3 m breiten Streifen an zwei Seiten des Hauses. Deshalb war es besonders wichtig, diese »Abstandsfläche« in einzelne harmonisch proportionierte Flächen aufzuteilen. Die Familie hat zwei kleine Kinder.

Da große Bäume Schatten werfen und Rasen kaum Entwicklungsmöglichkeit hat, entschied sich die Familie, die Wegeflächen mit versickerungsoffenem Arena-Pflaster zu gestalten. Zwei Sitzplätze werden durch die kreisförmige Verlegung im Reihenverband herausgehoben. Ein dritter Kreis ist mit einem Duftrasen bepflanzt. Dazwischen gibt es ein Netz an Wegen, um drei Hochbeete herum. Hier können die Kinder mit ihren Bobbycars immer wieder neue Wege, vor allem auch in einer Endlos-Achterschleife um ein Hochbeet und den Sandkastenbereich fahren.

Obwohl hier relativ viel Fläche befestigt wurde – der Garten soll auch vom Rollstuhl aus gut zu erleben sein – bietet das Arena-Pflaster die Möglichkeit, trotzdem blühende Stauden einzusäen. Schatten und Halbschatten liebende Pflanzen wie Gelber Lerchensporn, Akelei und Pfirsichblättrige Glockenblume können sich dann auf weniger betretenen Fleckchen behaupten und zu immer neuen Blühaspekten führen. In den Hochbeeten wachsen Duftstauden – für Rollifahrer in Nasenhöhe – und Walderdbeeren zum Naschen. Der Duftrasen wurde auf Dachbegrünungssubstrat angelegt, weil es trittfest bleibt und nach einem Regen schnell abtrocknet. Der vorhandene lehmige Boden wäre bei stärkerer Nutzung schnell verkahlt. Für den Duftrasen wurde die nicht blühende, teppichbildende Rasenkamille *Chamaemelum nobile* 'Treneague' gewählt.

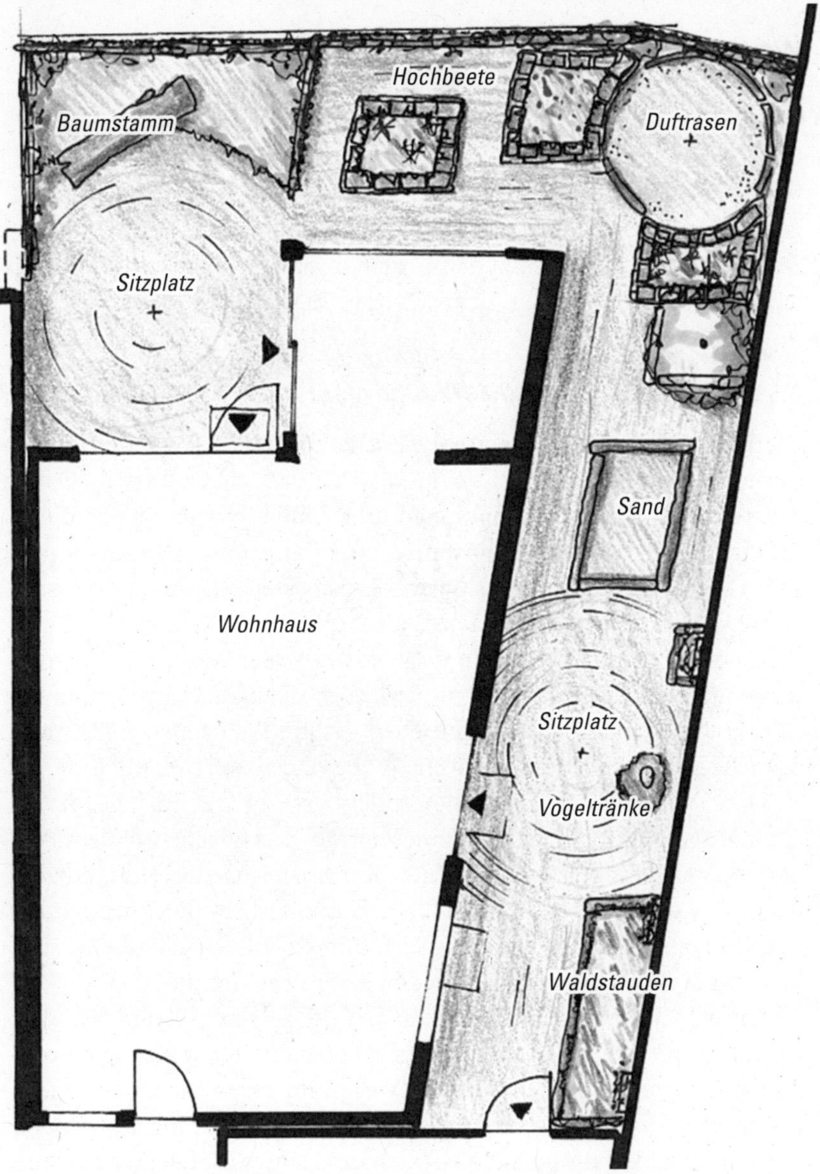

Die schmalen Streifen an den beiden Seiten des Wohnhauses werden durch Sitzplätze und Hochbeete untergliedert. So entstehen harmonisch proportionierte Räume für Groß und Klein.

Wege gliedern den Hauptgarten

Vorgärten sind meist klein, im Hauptgarten ist Platz für mehrere Funktionsräume, die mit Wegen verbunden werden können. Meist hat das Wohnzimmer große Fenster, aus denen der Blick in den Hauptgarten geht. Wenn schöne Wege den Garten in harmonischen Formen durchziehen, dann ist der Blick in den Garten immer attraktiv, auch im Winter, wenn die Pflanzenwelt nicht so viel zu bieten hat.

Strenge Gestaltung oder organische Formen

Die Wege geben dem Garten sein Gesicht. Die Art der Wegeführung ist also eine Entscheidung über die Aussage und den Stil des Gartens. Dabei können exakt dieselben Funktionen und Räume mit streng geradlinig geführten Wegen erschlossen werden oder mit geschwungenen, organischen Formen. Die Nutzer des Gartens entscheiden, was ihnen am besten gefällt. Für den Wert des Gartens als Lebensraum ist es unerheblich, in welchem Stil er angelegt ist, vorausgesetzt dieselben Materialien werden verwendet. Einen kleinen Vorteil hat jedoch die organische Gestaltung: Mit geschwungenen Formen entstehen leichter Randzonen und Grenzbereiche und solche Randlinien sind oft besonders wertvoll für Tiere.

Dieser Garten, der auf der folgenden Seite zu sehen ist, gehört zu einer großen Gründerzeitvilla. Eine zentrale Rasenfläche soll dem Ballspiel dienen. Direkt an der erhöhten Terrasse liegen zwei Kräuterbeete, wobei das sonnigere der beiden als Kalkschotterbeet mit Wildstauden der trockenen Standorte angelegt ist. Hinten im Garten gibt es zwei Hochbeete für Gemüse, umgeben von einer Beerenhecke.

Vor dem Umbau des Hauses war fast die gesamte Gartenfläche als Parkplatz mit Kleinpflaster befestigt. Dieses Pflaster wurde zur Befestigung des Stellplatzes und einiger Wege ums Haus wiederverwendet, andere Wege wurden als wassergebundene Wegedecke angelegt. Zuerst entstand die Idee, die geraden Formen des Hauses und den Winkel der Erkermauern in der Wegeführung aufzunehmen (oben), dann gefiel den Kunden aber der Alternativvorschlag mit geschwungenen Linien besser (unten).

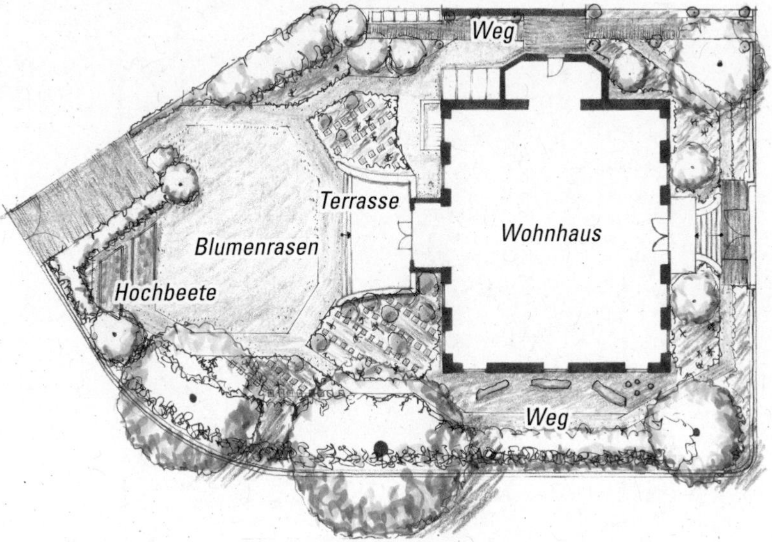

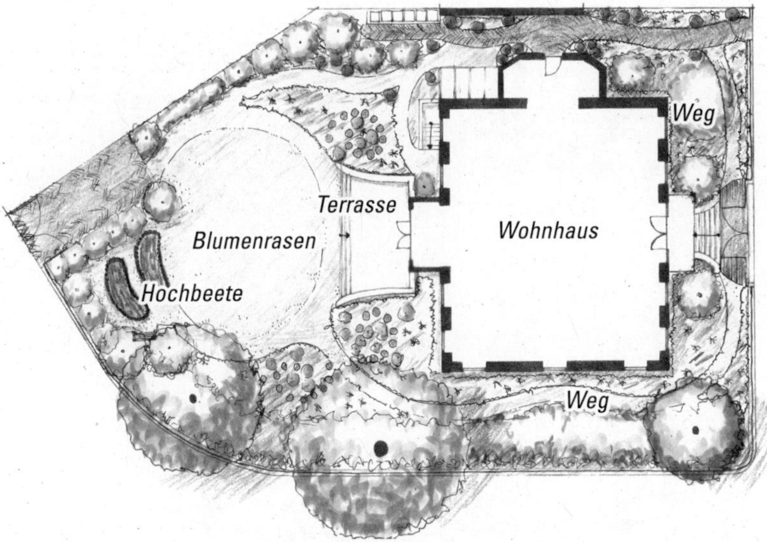

Ein Grundstück, zwei Möglichkeiten der Gestaltung.

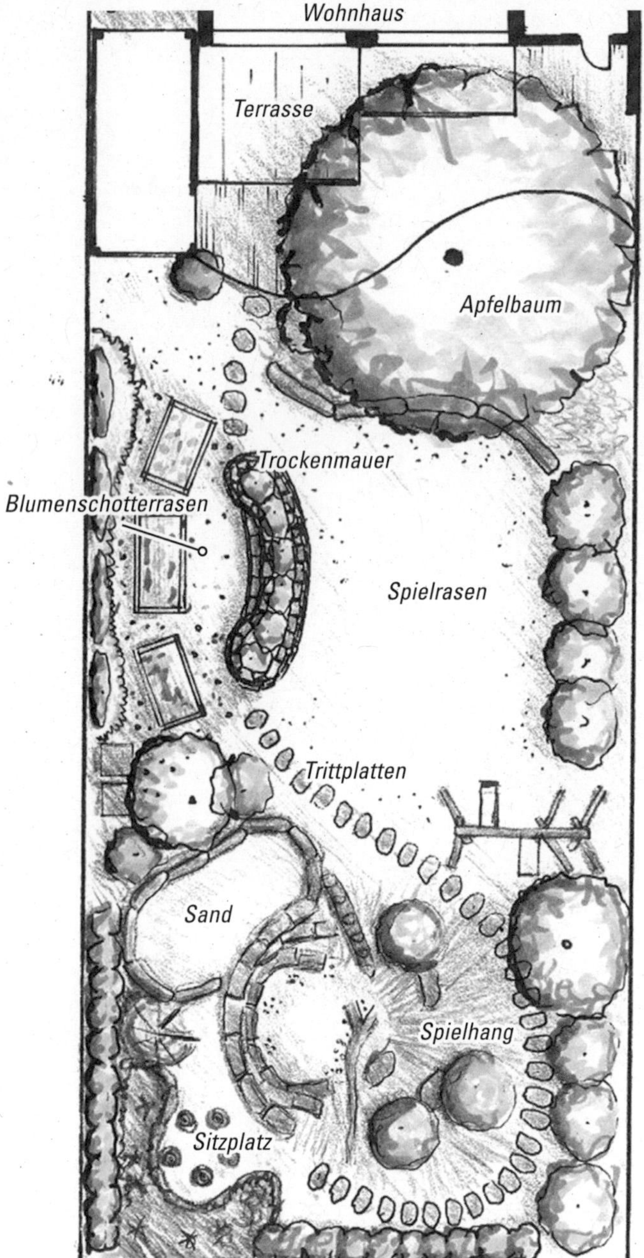

Ein Trittplattenweg verbindet in diesem Garten die beiden Sitzplätze.

Sitzplätze in der Sonne und im Schatten

Im Frühjahr genießen wir – auf dem sonnigsten Platz unseres Gartens – die ersten Sonnenstrahlen, vielleicht in eine warme Decke gehüllt und mit einem Becher Tee in den Händen. Dort ist es im Sommer oft brütend heiß, in Hitzeperioden brauchen wir einen schattigen Platz und erfreuen uns am Rascheln der Blätter über uns. Bäume sind ideale Schattenspender für solche Plätze, aber auch unter berankten Pergolen entstehen herrlich kühle Plätze. Unter Pflanzen ist es viel kühler als unter Markisen oder Sonnensegeln, denn einmal richten sich die Blätter so aus, dass sie möglichst viel Sonne einfangen, sie folgen der Sonne so, dass sie immer optimal viel Schatten werfen. Andererseits kann sich die Warmluft unter einem Blätterdach nicht stauen. Und wenn dann der Wegebelag des Platzes auch noch begrünt ist, kommt die Verdunstungskälte der Pflanzen der naturnahen Wegebefestigung hinzu.

Die Abbildung auf Seite 144 zeigt einen Garten, in dem die Holzterrasse am Haus durch einen Apfel-Hochstamm beschattet wird. Im hinteren Gartenbereich wurde schon bei der Erstellung des Gartens eine größere Fläche abgegraben. Vorerst entstand hier ein Kinderspielbereich mit Klettermauer, Baumstämmen zum Klettern und einem Sandspielbereich. Umgeben von einer Blumenhecke, gibt es einen sonnigen Sitzplatz. Später, wenn die Kinder schwimmen können, wird hier ein Schwimmteich gebaut, der Sandspielbereich wird zum sonnigen Sandstrand, vor der Gartensauna gibt es dann eine warme Holzterrasse.

Beide Sitzplätze sind von einem Trittplattenweg aus Naturstein-Polygonalplatten durchzogen. Von der Holzterrasse aus führt der Weg zuerst in den Nutzgartenbereich mit drei Hochbeeten für Gemüse. Zum Nachbarn hin stehen Spalierbäume an der Grundstücksgrenze. Zur Spielrasenfläche ist der Nutzgarten durch ein Trockenmauerhochbeet abgegrenzt, das den Nutzgarten vor Bällen schützen soll und zu den Beeten hin als Sitzbank ausgebildet ist. Hier können sich die Gärtner nach getaner Arbeit ausruhen und an der zukünftigen Ernte freuen. Im Bereich des Nutzgartens ist der Untergrund als Blumenschotterrasen befestigt. Aus dem Nutzgartenbereich heraus führt der Plattenweg dann in den großen Kinderspielgarten.

Wege verbinden Plätze

Wenn Wege den Garten strukturieren und die einzelnen Funktionsbereiche verbinden, wenn es mehrere Sitzplätze gibt, dann bietet es sich an, dass der Weg vom sonnigen zum schattigen Sitzplatz dem Garten sein Gesicht gibt. In der Abbildung auf Seite 144 besteht der Weg aus einem einfachen Polygonalplattenweg, der im Bereich des Nutzgartens mit seinen Hochbeeten in einen Blumenschotterrasen übergeht. Er führt in einem weiten Schwung um die Rasenfläche herum.

Die folgende Abbildung zeigt einen Garten mit ähnlichen Funktionsräumen: ein schattiger Sitzplatz am Haus, ein sonniger Sitzplatz am Teich und ein Nutzgarten, der zwischen beiden Bereichen liegt. In diesem wesentlich kleineren Garten mit formaler, gerader Linienführung verbinden Wege aus Blumenschotterrasen die verschiedenen Gartenbereiche.

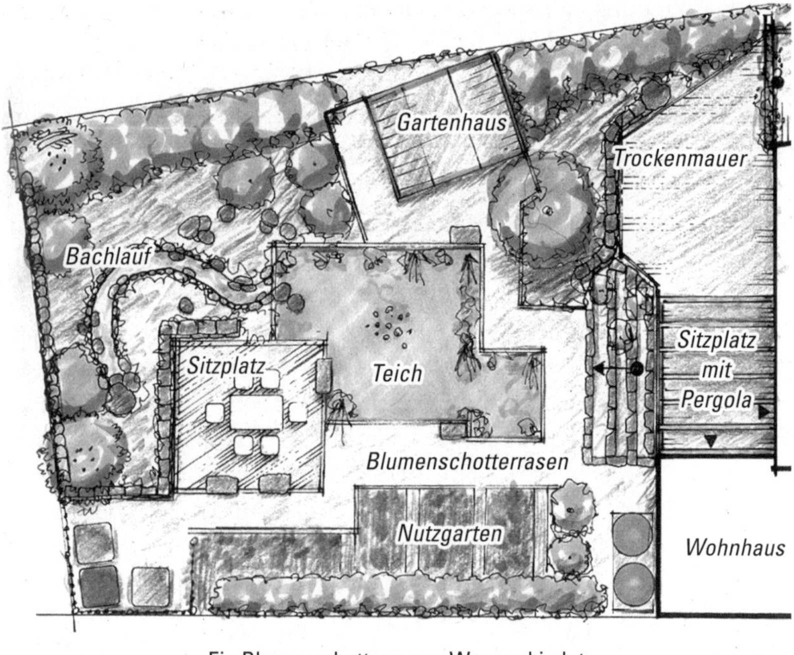

Ein Blumenschotterrasen-Weg verbindet
die Sitzplätze am Teich und unter der Pergola.

Wege als Trennung von Rasen und Beet

Wo Staudenbeete direkt an Rasenflächen angrenzen, wird immer wieder Gras aus dem Rasen in die Beete einwachsen. Es gibt eine schöne Möglichkeit, das zu verhindern: Wir legen zwischen Beeten und Rasenfläche einen Weg an. Im Beispiel auf Seite 143 wurden geschwungene Wegen aus Naturstein-Mosaikpflaster gestaltet. Sie passen gut zu dem Gründerzeithaus, das auf diesem Grundstück steht. Auch die Form der Hochbeete passt sich diesem Konzept an.

Wege im Nutzgarten

Natürlich kann man auch nur auf Trampelpfaden zwischen den Beeten im Nutzgarten gehen. Auf Sandböden ist das vielleicht eine gute Lösung, aber je lehmiger der Boden ist, desto unangenehmer wird es, bei feuchtem Wetter über die Erde im Nutzgarten zu laufen. Schnell kleben große Mengen an Lehm unter den Gummistiefeln.

Zwar können Bretter als Wegeersatz verlegt werden, am angenehmsten aber ist es, im Nutzgarten über befestigte Wege gehen zu können. Die Abbildung auf Seite 32 zeigt einen solchen Nutzgarten mit befestigten Wegen. Ein Nachteil soll nicht verschwiegen werden: Solche Wege brauchen mit der Randeinfassung relativ viel Platz, auf der gleichen Fläche kann mehr geerntet werden, wenn man Trampelpfade und Bretter als Wege nutzt.

Das Wegenetz eines Nutzgartens ist ziemlich engmaschig, denn die Beete sind in der Regel 1,20 m breit (so kann auch die Beetmitte vom Weg aus erreicht werden, ohne dass man ins Beet tritt). Daher bietet es sich an, diese besonders schön und mit hochwertigen Materialien wie Naturstein- oder Klinkerpflaster zu gestalten. So wird aus dem Nutzgarten, der meist eher hinten im Garten versteckt wird, ein Schmuckstück. Mit einer attraktiven Mischung aus Nutzpflanzen und Blumen bepflanzt, erinnert solch ein Nutzgarten eher an einen barocken Schlossgarten als an einen Gemüseacker. Man kann natürlich solchen Wegenetzen aber auch modernere Formen geben.

Wege aus Rasenflächen

Rasenflächen sind bei feuchtem Wetter und im Winter nur mit wasserfesten Schuhen zu begehen. Auch wenn das die Benutzbarkeit einschränkt, so können Rasenflächen gestalterisch gesehen doch auch Wegefunktionen übernehmen. Wenn in Blumenwiesen die Fläche, die regelmäßig begangen wird, häufiger gemäht wird, dann entsteht, ganz ohne Bauarbeiten, ein solcher Rasenweg. Aber auch schmalere Rasenflächen, die sich zwischen Gehölzflächen oder Staudenbeeten hinziehen, können wie ein weiter Weg wirken und funktionieren.

In diesem Garten (auf Seite 149), der den Kindern der Familie zahlreiche Spielangebote macht, verbinden die Flächen aus Blumenkräuterrasen den großen Sandspielbereich mit den weiteren Gartenbereichen: der Schaukel, dem Spielberg, einem Sitzplatz am Berg mit einem Kräuterhochbeet und einem Sumpfbeet mit Spielhaus und Sickerteich.

So entstehen viele spannende Räume, in denen sich die Kinder verstecken und aus denen heraus sie die Umgebung beobachten können: der Aussichtspunkt auf dem Hügel zwischen hohen Sträuchern oder das Spielhaus, wie eine Wasserburg hinter dem Sumpfgraben verborgen. Zum Spielhaus führt ein enger Weidengang, von dort aus muss erst noch die Sickermulde auf einem Balancier-Baumstamm überwunden werden. Alternativ kann man sich auch über einzelne Steine hüpfend durch den mit Schilf bewachsenen Sumpfgraben schlagen. Zum Aussichtspunkt auf dem Hügel geht es über steile Klettertreppen, eine davon ist über einen Balancier-Baumstamm zu erreichen. Wege sind für Kinder gerade dann spannend, wenn sie nicht einfach zu begehen, sondern herausfordernd »gefährlich« sind.

Eher dem Bereich der Erwachsenen zugeordnet ist der runde Sitzplatz im hinteren Gartenbereich. Er ist von einem Hochbeet für Gemüse eingefasst. Hinter der Trockenmauersitzbank wachsen in einem Kalkschotterbeet Mittelmeerkräuter. Dieser Sitzplatz wird über einen breiten Blumenrasenweg erschlossen, wobei man, solange die Kinder noch gerne schaukeln, unter der Schaukel her gehen muss. Hier entsteht eine strapazierfähige Rasenfläche, auf der niedrige Kräuter wie Gänseblümchen und Günsel blühen. Dort, wo seltener gemäht wird, entstehen blumenwiesenartige Aspekte mit Wiesensalbei und Margeriten.

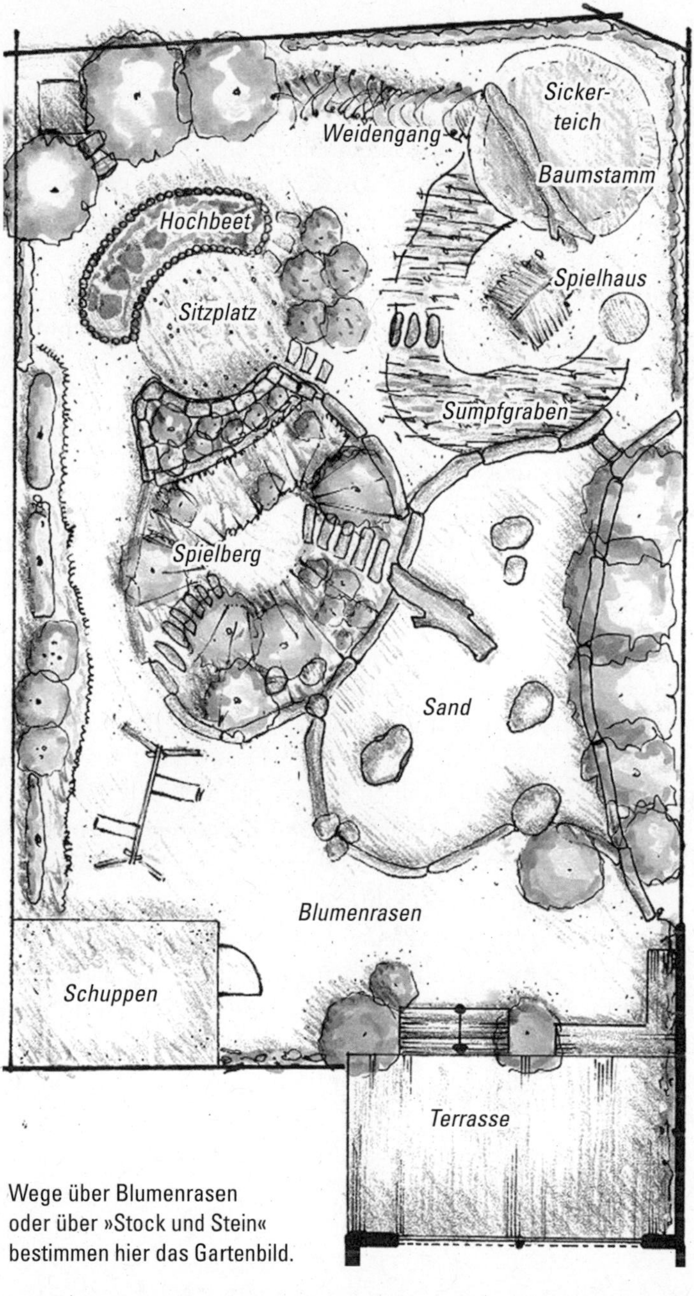

Wege über Blumenrasen
oder über »Stock und Stein«
bestimmen hier das Gartenbild.

Wege durchs Wasser

Besonders spannend ist es, wenn Wege durch Wasserflächen geführt werden, denn »übers Wasser zu gehen« und so alles, was im Wasser lebt, besonders gut beobachten zu können, bringt eine zusätzliche Erlebnisqualität in den Garten. Außerdem wird durch die Wasserfläche das, was davor, und das, was dahinter ist, deutlich getrennt. Dies ist ein Trick, um Gärten optisch zu vergrößert.

Der Garten, der auf der folgenden Seite abgebildet ist, lebt vom Kontrast der relativ kleinen gepflasterten Sitzplätze, den Trockenmauern, die die Sitzbereiche einfassen, dem Naturteich und dem etwa 1,50 m hohen Hügel, der aus dem Aushub des Teichbaus angelegt wurde. Findlinge erleichtern das Klettern auf den Hügel und laden zum Verweilen ein. Der Feuerplatz und der Sitzplatz am Teich sind mit rechteckigen Bodenplatten verbunden. Der zweite Sitzplatz am hinteren Teichufer kann nur über Trittsteine, die durchs Wasser führen, erreicht werden.

Wege an Hängen

Je steiler der Weg, desto leichter rutscht man bei schlechtem Wetter aus. Deshalb sollten steile Wege mit besonders griffigen Oberflächen befestigt werden. Ideal ist hier zum Beispiel eine Deckschicht aus eng aneinandergesetzten, senkrecht gestellten Schieferplatten.

Aus den Alpen kennen wir eine Möglichkeit, relativ flache Wege an steilen Hängen zu bauen: Wenn an einem Hang der Weg in langen Schleifen (Serpentinen) geführt wird, dann gerät er weniger steil. Die Wendepunkte können als kleine, annähernd ebene Plätze gestaltet werden, auf denen man sich ausruhen kann. Wenn die Schleifen des Serpentinenwegs nahe beieinanderliegen, dann ist es meist notwendig, die steilen Hänge zwischen den Wegen mit Trockenmauern abzufangen, was eine solche Wegeführung noch attraktiver – aber auch aufwendiger – macht.

Alternativ kann der steile Hang natürlich auch mit einer oder mehreren Treppen überwunden werden.

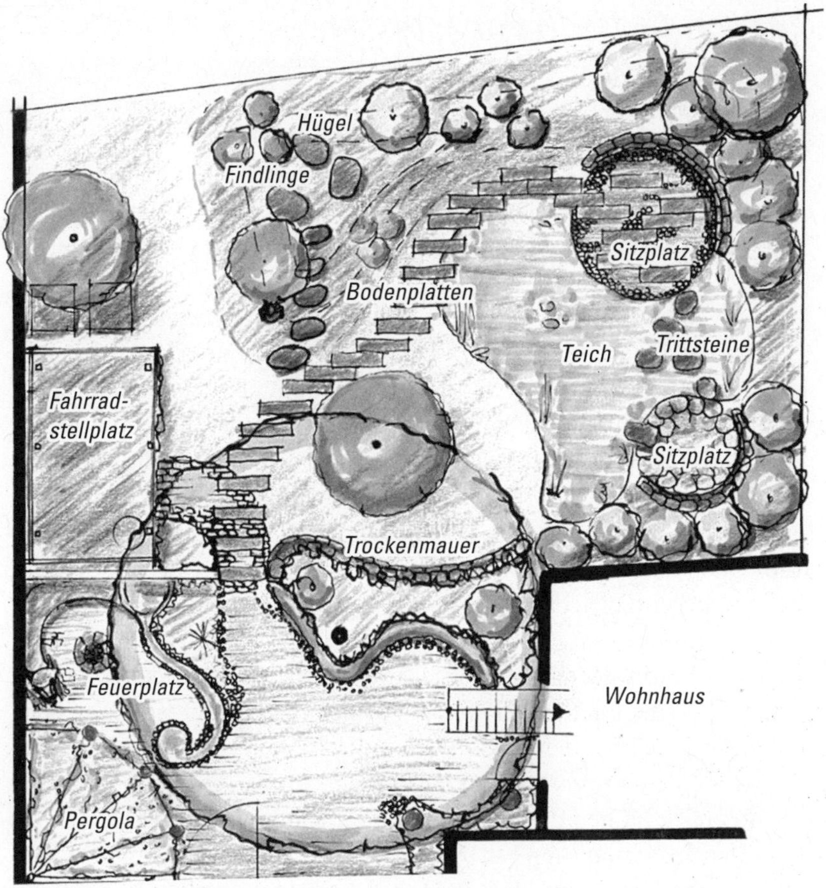

Dieser Garten, mit vielen kleinen Sitzplätzen und einem großen Teich, wird von einem markanten Plattenweg durchzogen. Die sehr schmalen und langen Natursteinplatten waren als Einfassungssteine bei einem Abbruch übrig geblieben. Im weiteren Verlauf des Gartens setzt sich der Weg als Pfad übers Wasser mit Natursteinfindlingen fort.

Gärten optisch vergrößern

Auch die Wegeführung kann dazu genutzt werden, um kleine Gärten optisch zu vergrößern. Wenn Rhythmen nach hinten verkürzt werden, dann erscheint die Strecke länger. Denselben Effekt erhält man, wenn der Weg nach hinten schmaler wird. Auch kleiner dimensionierte Deckmaterialien im hinteren Bereich helfen, eine Fläche weiter entfernt scheinen zu lassen.

In der Abbildung auf Seite 153 wurde das dadurch erreicht, dass der Abstand der Betonplatten des Plattenweges nach hinten etwas kleiner wird. Auch die Körnung des Kieses auf dem hinteren Sitzplatz ist kleiner als die Körnung auf dem vorderen. Die optische Täuschung wird noch dadurch verstärkt, dass auch die Sichtschutzparavents hinten etwas niedriger sind als vorne und dass die Abstände der Pfosten nach hinten abnehmen. Auch die Höhe des hinteren Paravents ist niedriger als die des vorderen.

Gerade wenn gleichartige Gartenelemente im hinteren Bereich kleinere Dimensionen haben, lässt sich unser Auge gerne täuschen und der Garten wirkt größer. Wären hier statt der wiederverwendeten Betonplatten Polygonalplatten verwendet worden, hätte man sie zusätzlich noch mit abnehmender Größe verlegen können. Auch die Blütenfarben wurden so eingesetzt, dass der Garten größer erscheint: Im vorderen Bereich blühen die Pflanzen in kräftigem Blau und Gelb, hinten herrschen Pastelltöne vor.

Sichtschutz muss im kleinen Garten nicht die Grenzen und damit die beschränkte Größe betonen: Der Schutz wurde hier direkt an den Sitzplätzen gebaut, deshalb muss er nicht so hoch sein.

Dieser Garten wird das ganze Jahr über aus den Wohnzimmerfenstern, die über die gesamte Breite des Reihenhauses reichen, betrachtet. Hier wurde also vor allem ein Gartenbild gestaltet, in dem das Auge öfter spazieren geht als die Gärtnerin und der Gärtner selbst. Deshalb machen die optischen Tricks auch Sinn, denn vom hinteren Sitzplatz aus wirkt der Garten natürlich kleiner!

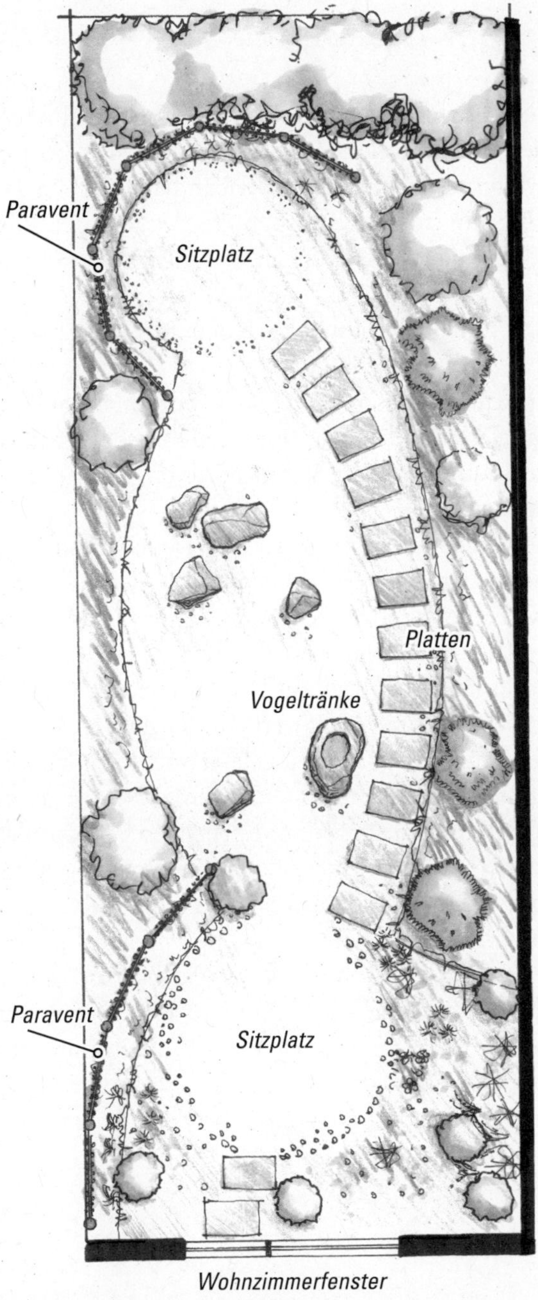
Paravent
Sitzplatz
Platten
Vogeltränke
Paravent
Sitzplatz
Wohnzimmerfenster

Barrierefreier Innenhof

Manchmal ist der Garten aber noch kleiner, eigentlich hat er nur die Dimension eines Wohnraumes. Wie wird aus einem winzigen Innenhof ein wunderschöner vielfältiger und lebendiger Garten? Hier ist es besonders wichtig, ein starkes Konzept zu finden, das den Blick in der Fläche hält und ihn nicht sofort an die Wände führt. Auch in einem Innenhof kann durch eine interessante Abfolge verschiedener Geländehöhen die Fläche vielfältiger gestaltet werden. Hochbeete sind da eine gute Möglichkeit.

In diesem Entwurf für einen Sinnesgarten im Innenhof einer Behinderteneinrichtung, der auf der folgenden Seite zu sehen ist, wurde der vorhandene Verbindungsweg mit dem Kreis konfrontiert, der die quadratische Fläche ausfüllt.

Verschiedene Wegeoberflächen machen das Gehen oder Fahren in dem Garten interessant. Zum Betonrechteckpflaster gesellen sich ein Bereich mit wassergebundener Wegedecke und ein Fußfühlpfad mit verschiedenen Materialien wie Kiesel, Muscheln, Holzhäcksel oder Sand. Ein Trockenmauerhochbeet mit Duftkräutern begleitet den Weg und kann auch als Gehhilfe genutzt werden. Der zentrale Platz mit Sitzbänken und Platz für Rollis wird eingefasst von dem Trockenmauerhochbeet, einem Hochbeet für Nutzpflanzen aus Robinienpalisaden und einem Tiefbeet, in dem ein kleiner Kornelkirschenbaum wächst.

Es gibt unterfahrbare Arbeitstische und eine Schwengelpumpe, mit der Wasser (hier an die Trinkwasserleitung angeschlossen) in eine Aneinanderreihung von Wasserrinnen aus Robinienholz gepumpt werden kann. Sie sind auch von Rollifahrern erreichbar, sodass das Wasser auch für diese Nutzer erlebbar wird. Am Ende der Rinnenkaskade füllt das Wasser asymmetrisch aufgehängte Becher, die in unregelmäßigen Abständen umkippen und sich entleeren und dabei an Metallröhren schlagen. In der Sickerpackung für das Wasser gedeihen einige hochwachsende Gräser.

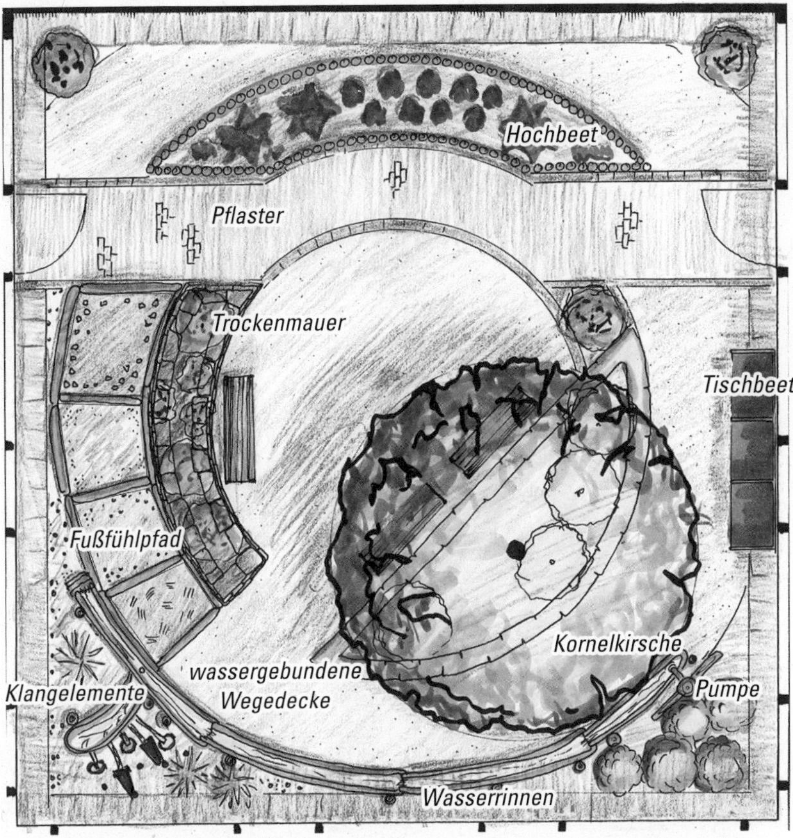

In diesem Innenhof für eine Behinderteneinrichtung wurde das vorhandene Betonpflaster wiederverwendet. Zusätzlich wurden Wege aus wassergebundener Wegedecke dazu geplant. Die deutliche Gestaltung schafft nicht nur einen interessanten Naturerlebnisraum, sondern auch ein schönes Gartenbild, das durch die hohen Fensterfronten des Gebäudes betrachtet werden kann.

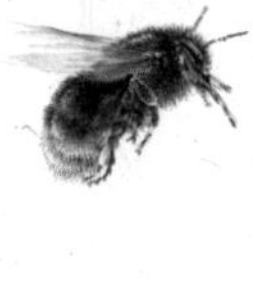

Ein Garten zum Wohlfühlen

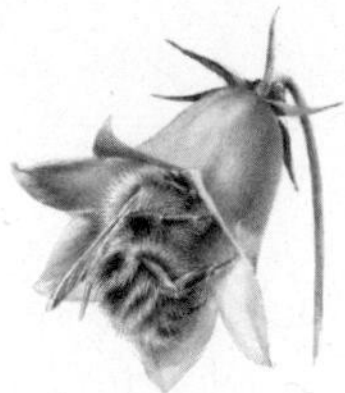

Wer den Weg hat, hat den Garten. Das ist meine Erfahrung aus 20 Jahren Gartenberatung. Wenn ich gemeinsam mit meinen Kunden den neuen Garten plane, dann steht erst einmal der Wunsch nach einem vielfältigen Naturerlebnis im Vordergrund. Gerade Naturgärten mit ihrer Vielfalt an Formen, Strukturen und Farben profitieren aber sehr von einer Gartengestaltung, die diese Fülle wie einen Edelstein in eine schön gestaltete Form fasst. Schöne Wege laden ein, die Natur des Gartens zu erkunden, Sitzplätze versprechen entspannende Stunden, umgeben von der überbordenden Lebendigkeit des Naturgartens. Wege und Plätze bringen einen Rhythmus von Ruhen und Gehen, von Spannung und Entspannung in die Gartengestaltung, die auch erlebbar ist, wenn der Garten nur vom Haus aus betrachtet wird. Wegematerialien können genauso wie Wasserflächen oder Beete eine eigene Schönheit in den Garten bringen, vor allem, wenn interessante Natursteine verbaut werden. Eine schöne Gestaltung der Wege und Plätze sagt: Ja, dies mag etwas ungewöhnlich aussehen, aber es ist genau so gemeint. Komm und entdeck mich. Tritt ein, fühl Dich in der Natur wohl, dann wirst Du vielleicht auch ganz ungewöhnliche Seiten an Dir selber entdecken.

Dass es dabei nicht um den schieren Kontrast der gebauten Wege und Plätze mit den lebendigen Pflanzflächen geht, sondern darum, dass die Wege selber auch interessante Lebensräume werden können, dazu zeigt dieses Buch eine Vielzahl an Möglichkeiten auf. Versickerungsoffen gebaut, eingesät oder bepflanzt werden Wegeflächen dann zu besonderen Beeten, die interessante Naturerlebnisse direkt vor unserer Fußspitze bieten. Leichten Fußes und achtsam geht der Naturgärtner über die Wege in seinem Garten und lernt dabei auch – so hoffe ich – viel über neue und lebensfördernde Wege, die Fülle der Natur zu genießen.

Danke!

Ein Buch zu verfassen, ist ein Abenteuer, spannend auf jeden Fall, manchmal anstrengend. Wie gut, dabei nicht alleine zu sein. Mein Dank gilt zuerst meinen Kundinnen und Kunden, die mich bei Gartenberatungen und Gartenplanungen für kurze Zeit Teil ihres Lebens werden lassen, sodass wir gemeinsam ihren Traumgarten finden können. Dies ist immer wieder eine bereichernde Erfahrung. Allen, die den Abdruck der daraus entstandenen Pläne erlaubten, möchte ich an dieser Stelle herzlich dafür danken. So konnten die Pläne zur Keimzelle werden, aus der heraus das Buchprojekt dann wachsen konnte.

Meinem Verlag verdanke ich die Entdeckung, wie viel Spaß es macht, nicht nur bei konkreten Projekten Menschen zu ihrer Naturoase zu verhelfen, sondern auch den mir zumeist unbekannt bleibenden Leserinnen und Lesern. Dass Margret Schneevoigt zu meinen Texten Illustrationen erstellt, die immer die lebensfördernde Atmosphäre eines Naturgartens transportieren, ist ein besonderer Glücksfall.

Ich widme dieses Buch meiner Mutter, von der ich schon als Kind lernen durfte, dass Sprache der Achtsamkeit bedarf, genauso wie Menschen, Tiere und Pflanzen.

Die Autorin

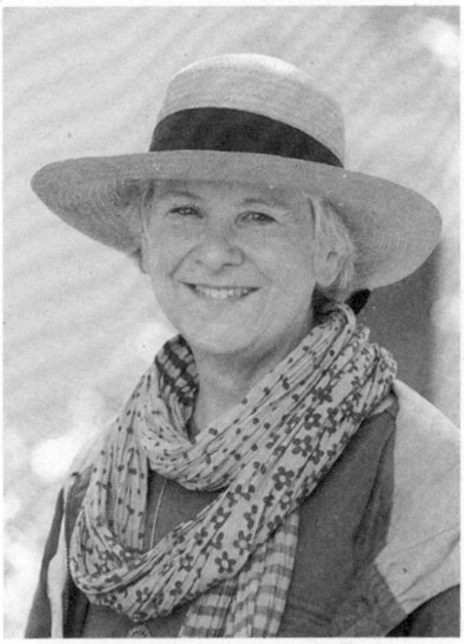

Die Diplom-Biologin Ulrike Aufderheide aus Bonn plant seit 1994 naturnahe Gärten, öffentliche Flächen oder Außenanlagen von Kindergärten und Schulen. Mit ihrer Firma *Calluna – Naturnahe Garten- und GrünPlanung* lässt sie Gartenträume wahr werden: Gemeinsam mit ihren Kunden findet sie heraus, welche Funktionen der Garten haben soll, welche Bereiche des Grundstückes dafür jeweils am besten geeignet sind und welcher Stil zum Haus und zu den Bewohnern passt. Daraus entwickelt sie individuelle Gartenpläne, deren Umsetzung sie professionell begleitet. Bei ihrer Arbeit entstehen neue Lebensräume für Wildpflanzen und Wildtiere – und für die Menschen viele Möglichkeiten der unmittelbaren Naturerfahrung.

Kontakt:
Calluna
Naturnahe Garten- und GrünPlanung
Ulrike Aufderheide
Weißdornweg 78
53177 Bonn
E-Mail: aufderheide@calluna-naturgarten.de

Anhang

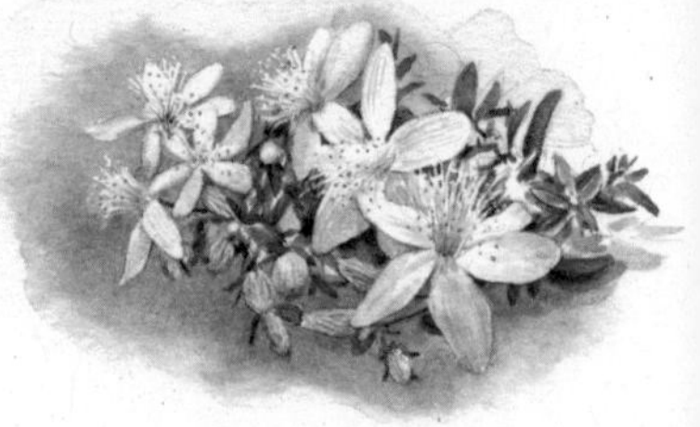

Die Pflanzenvielfalt der Wege und Plätze

In den folgenden Tabellen finden Sie eine große Vielfalt von interessanten Wildpflanzenarten, die durch Aussaat oder Pflanzung, so wie in diesem Buch beschrieben, auf Wegen und Plätzen angesiedelt werden können. Sie sollen eine Anregung sein, einzelne Flächen mit selbst geplanten Mischungen einzusäen oder zu bepflanzen. Dann können wir zum Beispiel bestimmte Farben oder Düfte besonders betonen. Wenn es bunt sein darf, finden sich bewährte Mischungen bei den Wildpflanzenproduzenten (Bezugsquellen ab Seite 172).

Wenn Sie eine Auswahl treffen möchten, sollte zuerst der Lichteinfall auf der zu gestaltenden Fläche eingeschätzt werden. Entscheidend ist dabei der Lichteinfall während der Vegetationsperiode, aber auch, wie viel freier Himmel sich über einer Pflanzfläche befindet. Auch im Vollschatten einer niedrigen Mauer kann es noch relativ hell sein, wenn kein Strauch oder Baum das Streulicht des offenen Himmels nimmt. Hier kann man also noch Pflanzen auswählen, die eigentlich Halbschatten brauchen.

Höher werdende Pflanzen werden eher am Rand der Flächen wachsen oder zur Blüte kommen, dort, wo weniger oft gelaufen oder gefahren wird. Die Pflanzen, bei denen vermerkt ist, dass sie nicht blühend flache Rosetten oder Polster bilden, können aber auch auf der gesamten Fläche angesiedelt werden. Sie sind dann eben »nur« grün und kommen nur selten zur Blüte. Für die häufiger genutzten Bereiche sollten genügend trittfeste Arten ausgebracht werden, sie sind in den Tabellen mit »trittfest« und »mäßig trittfest« bezeichnet. Die »etwas trittfesten« und »nicht trittfesten« Arten haben nur an wenig oder nicht genutzten Stellen eine Chance. Sie können aber natürlich auf der gesamten Fläche ausgesät werden, wenn nicht differenziert gesät und gepflanzt werden soll. Die Nutzung wird auf befestigen Flächen immer die Pflanzenzusammensetzung bestimmen und ein vielfältiges und interessantes Mosaik entstehen lassen.

Erst wenn diese Randbedingungen geklärt sind, gehen wir daran, die Arten so zusammenzustellen, dass über einen möglichst langen Zeitraum Pflanzen blühen. Dann steht bunten und lebendigen Wegen und Plätzen nichts mehr entgegen.

Wildstauden für Wege

Botanischer Name Deutscher Name	Höhe (in cm)	Blütenfarbe	Blütezeit (Monate)	Standort	Bemerkungen
Achillea millefolium Schafgarbe	50	weiß	6 – 10	Sonne, Halbschatten	trittfest, konkurrenzstark, gut geeignet für häufig begangene Flächen, nicht blühend kriechend, blühend höher
Acinos arvensis Feld-Steinquendel	30	hellviolett	6 – 8	Sonne	etwas trittfest, Duftpflanze, nicht blühend kriechend, blühend höher
Ajuga chamaepitys Gelber Günsel	20	gelb	4 – 9	Sonne	nicht trittfest, eher am Rand, nicht blühend kriechend, blühend höher
Ajuga genevensis Heidegünsel	30	blau	4 – 5	Sonne	nicht trittfest, eher am Rand, nicht blühend kriechend, blühend höher
Anthemis tinctoria Färber-Hundskamille	50	gelb	6 – 8	Sonne, Halbschatten	mäßig trittfest, konkurrenzstark, gut geeignet für häufig begangene Flächen, nicht blühend kriechend, blühend höher

Botanischer Name Deutscher Name	Höhe (in cm)	Blüten-farbe	Blütezeit (Monate)	Standort	Bemerkungen
Anthyllis vulneraria Wundklee	50	gelb	4 – 9	Sonne	etwas trittfest, eher am Rand, nicht blühend niedrig, blühend höher
Aquilegia vulgaris Gewöhnliche Akelei	80	blau-violett	6 – 7	Halb-schatten, Schatten	nicht trittfest, eher am Rand, auch nicht blühend relativ hoch, aber attraktive Staude für schattige Pflaster-fugen am Rand
Arabis hirsuta Behaarte Gänsekresse	80	weiß	5 – 7	Halb-schatten	zweijährig, nicht trittfest, nur am Rand, nicht blühend niedrig, blühend hoch
Arenaria serpyllifolia Quendelblättriges Sandkraut	20	weiß	5 – 9	Sonne	etwas trittfest, ein- bis zweijährig, sät sich wieder aus
Bellis perennis Gänseblümchen	15	weiß	3 – 11	Sonne, Halb-schatten	trittfest, auch blühend niedrig
Betonica officinalis Heilziest	50	purpur-rosa	6 – 8	Sonne, Halb-schatten	etwas trittfest, eher am Rand, nicht blühend niedrig, blühend höher
Biscutella laevigata Glattes Brillenschötchen	30	gelb	5 – 8	Sonne	nicht trittfest, nur am Rand, nicht blühend niedrig, blühend hoch
Buphthalmum salicifolium Ochsenauge	50	gelb	6 – 9	Sonne	etwas trittfest, eher am Rand, nicht blühend niedrig, blühend höher
Campanula cochleariifolia Zwergglockenblume	15	blau	7 – 9	Sonne, Halb-schatten	nicht trittfest, aber niedrig, bildet rasenartige Polster

Botanischer Name Deutscher Name	Höhe (in cm)	Blüten-farbe	Blütezeit (Monate)	Standort	Bemerkungen
Campanula glomerata Knäuelglockenblume	60	violett	6 – 9	Sonne, Halb-schatten	etwas trittfest, nur am Rand, nicht blühend niedrig, blühend hoch
Campanula persicifolia Pfirsichblättrige Glockenblume	50	blau	6 – 8	Sonne, Halb-schatten	nicht trittfest, Rosette niedrig, blühend höher, wächst gerne in Fugen, nur am Rand
Campanula rapunculoides Ackerglockenblume	60	blau-violett	6 – 8	Sonne, Halb-schatten	mäßig trittfest, nur am Rand, nicht blühend niedrig, blühend hoch
Campanula rapunculus Rapunzel-glockenblume	50	lilablau	6 – 8	Sonne, Halb-schatten	ein- bis zweijährig, sät sich immer wieder aus, mäßig trittfest, eher am Rand, nicht blühend niedrig, blühend höher
Campanula rotundifolia Rundblättrige Glockenblume	25	blau-violett	6 – 10	Sonne, Halb-schatten	etwas trittfest, nicht blühend niedrig, blühend höher, aber zart
Chamaeleum nobile 'Treneague' Römische Rasenkamille	10	keine		Sonne, noch Halb-schatten	mäßig trittfest, wächst polsterartig, Duftpflanze, nicht heimisch
Dianthus arenarius Sandnelke	20	weiß	6 – 9	Sonne	etwas trittfest, eher am Rand, nicht blühend niedrig, blühend höher, bildet Polster
Dianthus carthusianorum Karthäusernelke	50	rotviolett	6 – 8	Sonne	etwas trittfest, eher am Rand, nicht blühend niedrig, blühend höher
Dianthus deltoides Heidenelke	20	karminrot	6 – 9	Sonne	etwas trittfest, eher am Rand, nicht blühend niedrig, blühend höher, bildet Polster

Botanischer Name Deutscher Name	Höhe (in cm)	Blütenfarbe	Blütezeit (Monate)	Standort	Bemerkungen
Dianthus sylvestris Steinnelke	40	rosa	6 – 7	Sonne, Halbschatten	nicht trittfest, nur am Rand, nicht blühend niedrig, blühend hoch
Draba verna Frühlingshungerblümchen	10	weiß	4 – 5	Sonne	mäßig trittfest, niedrig, einjährig, sät sich aus
Echium vulgare Natternkopf	70	blau	6 – 8	Sonne	nicht trittfest, nur am Rand, nicht blühend niedrig, blühend sehr hoch, zweijährig, sät sich aus
Erodium cicutarium Reiherschnabel	40	rosa	6 – 9	Sonne	nicht trittfest, nur am Rand, nicht blühend niedrig, blühend hoch, meist einjährig, sät sich wieder aus
Filipendula vulgaris Knolliges Mädesüß	50	weiß	5 – 7	Sonne, Halbschatten	nicht trittfest, nur am Rand, nicht blühend niedrig, blühend hoch
Galium pumilum Niedriges Labkraut	30	weiß	6 – 8	Sonne, Halbschatten	mäßig trittfest, nur am Rand, niedrig, blühend höher
Galium verum Echtes Labkraut	50	gelb	5 – 9	Sonne, Halbschatten	etwas trittfest, nur am Rand, nicht blühend niedrig, blühend höher
Globularia punctata Gewöhnliche Kugelblume	30	blau	4 – 6	Sonne	etwas trittfest, nur am Rand, nicht blühend niedrig, blühend höher
Helianthemum nummularium Gewöhnliches Sonnenröschen	20	gelb	6 – 9	Sonne, Halbschatten	etwas trittfest, nur am Rand, nicht blühend niedrig, blühend höher

Botanischer Name Deutscher Name	Höhe (in cm)	Blüten-farbe	Blütezeit (Monate)	Standort	Bemerkungen
Helichrysum arenarium Sandstrohblume	20	gelb	7 – 8	Sonne	etwas trittfest, nur am Rand, nicht blühend niedrig, blühend höher, nur saure Substrate
Hieracium pilosella Kleines Habichtskraut	20	gelb	5 – 10	Sonne, Halb-schatten	trittfest, kriechend, nicht blühend niedrig, blühend höher
Hippocrepis comosa Hufeisenklee	20	gelb	5 – 7	Sonne, Halb-schatten	etwas trittfest, kriechend, nicht blühend niedrig, blühend höher
Hypericum perforatum Echtes Johanniskraut	60	gelb	7 – 8	Sonne, Halb-schatten	etwas trittfest, nur am Rand, nicht blühend niedrig, blühend höher
Hypochaeris radicata Gewöhnliches Ferkelkraut	60	gelb	6 – 10	Sonne	trittfest, nur am Rand, nicht blühend niedrig, blühend höher
Inula salicina Weidenblättriger Alant	60	gelb	7 – 8	Sonne	nicht trittfest, nur am Rand, nicht blühend niedrig, blühend höher
Lavendula angustifolia Lavendel	70	lila	6 – 7	Sonne	nicht trittfest, Halb-gehölz, kann kleine Pflastersteine lockern, nur für Großpflaster und Rasengittersteine, nicht heimisch
Legousia speculum-veneris Echter Frauenspiegel	40	blau	5 – 7	Sonne, Halb-schatten	etwas trittfest, niedrig, einjährig, sät sich aus
Leontodon autumnalis Herbstlöwenzahn	50	gelb	7 – 9	Sonne Halb-schatten	mäßig trittfest, eher am Rand, nicht blühend niedrig, blühend höher

Botanischer Name Deutscher Name	Höhe (in cm)	Blüten-farbe	Blütezeit (Monate)	Standort	Bemerkungen
Leontodon hispidus Rauer Löwenzahn	60	gelb	6 – 9	Sonne	mäßig trittfest, eher am Rand, nicht blühend niedrig, blühend höher
Leontodon saxatilis Felslöwenzahn	30	gelb	7 – 9	Sonne	etwas trittfest, eher am Rand, nicht blühend niedrig, blühend höher
Linaria vulgaris Frauenflachs	60	gelb-weiß	6 – 10	Sonne	mäßig trittfest, eher am Rand, nicht blühend niedrig, blühend höher
Linum austriacum Österreichischer Lein	60	blau	5 – 8	Sonne	etwas trittfest, eher am Rand, nicht blühend niedrig, blühend höher
Linum perenne Blauer Staudenlein	60	blau	6 – 8	Sonne, Halb-schatten	etwas trittfest, eher am Rand, nicht blühend niedrig, blühend höher
Lotus corniculatus Hornklee	30	gelb	5 – 8	Sonne, Halb-schatten	etwas trittfest, eher am Rand, nicht blühend niedrig, blühend höher
Medicago lupulina Hopfenklee	40	gelb	4 – 10	Sonne, Halb-schatten	mäßig trittfest, eher am Rand, nicht blühend niedrig, blühend höher kurzlebig, sät sich aus
Ononis repens Kriechende Hauhechel	30	rosa	6 – 8	Sonne	mäßig trittfest, eher am Rand, nicht blühend niedrig, blühend höher, wächst polsterartig
Origanum vulgare Wilder Majoran	40	rosa-violett	6 – 8	Sonne, Halb-schatten	mäßig trittfest, eher am Rand, nicht blühend niedrig, blühend höher, polsterbildend

Botanischer Name Deutscher Name	Höhe (in cm)	Blüten-farbe	Blütezeit (Monate)	Standort	Bemerkungen
Papaver argemone Sandmohn	30	rot	4 – 5	Sonne, Halb-schatten	nicht trittfest, eher am Rand, nicht blühend niedrig, blühend höher, ein- bis zweijährig, sät sich aus
Petrorhagia prolifera Sprossendes Nelkenköpfchen	50	rosa	5 – 9	Sonne	trittfest, eher am Rand, nicht blühend niedrig, blühend höher, ein- bis zweijährig, sät sich aus
Petrorhagia saxifraga Steinbrech-Felsennelke	20	rosa	7	Sonne	trittfest, wächst polsterartig
Pimpinella saxifraga Kleine Bibernelle	50	weiß	6 – 9	Sonne, Halb-schatten	mäßig trittfest, eher am Rand, nicht blühend niedrig, blühend höher
Plantago media Mittlerer Wegerich	30	weißrosa	5 – 7	Sonne, Halb-schatten	trittfest, nicht blühend niedrig, blühend höher
Potentilla argentea Silberfingerkraut	20	gelb	6 – 8	Sonne	etwas trittfest, eher am Rand, nicht blühend niedrig, blühend höher
Potentilla tabernaemontani Frühlingsfingerkraut	10	gelb	4 – 8	Sonne	mäßig trittfest, auch blühend niedrig, wächst kriechend
Prunella grandiflora Große Braunelle	20	hellviolett	6 – 8	Sonne, Halb-schatten	mäßig trittfest, wächst kriechend, auch blühend niedrig
Prunella vulgaris Gewöhnliche Braunelle	10	blau-violett	6 – 8	Sonne, Halb-schatten	trittfest, wächst kriechend, auch blühend niedrig
Pseudofumaria lutea Gelber Lerchensporn	20	gelb	5 – 9	Halb-schatten, Schatten	nicht trittfest, aber wertvoller Dauer-blüher für Pflaster-ritzen im Schatten

Botanischer Name Deutscher Name	Höhe (in cm)	Blüten-farbe	Blütezeit (Monate)	Standort	Bemerkungen
Rumex acetosella Kleiner Sauerampfer	20	rötlich	5 – 8	Sonne	etwas trittfest, nicht blühend niedrig, blühend höher
Sagina subulata Sternmoos (Mastkraut)	3	weiß	6 – 8	Sonne, Halb-schatten	etwas trittfest, wintergrüne Polster, kein Moos, sondern ein Nelkengewächs
Salvia pratensis Wiesensalbei	50	blau-violett	6 – 8	Sonne, Halb-schatten	mäßig trittfest, eher am Rand, nicht blühend niedrig, blühend höher
Scabiosa columbaria Taubenskabiose	40	blaulila	6 – 10	Sonne	etwas trittfest, nicht blühend niedrig, blühend höher
Sedum acre Scharfer Mauerpfeffer	10	gelb	6 – 7	Sonne	etwas trittfest, eher am Rand oder in tieferen Fugen, auch nicht blühend niedrig
Sedum album Weißer Mauerpfeffer	10	weiß	6 – 8	Sonne	nicht trittfest, eher am Rand oder in tieferen Fugen
Sedum sexangulare Milder Mauerpfeffer	10	gelb	6 – 7	Sonne, Halb-schatten	etwas trittfest, eher am Rand oder in tieferen Fugen, auch nicht blühend niedrig
Silene nutans Nickendes Leimkraut	60	weiß	5 – 8	Sonne, Halb-schatten, Schatten	etwas trittfest, eher am Rand, nicht blühend niedrig, blühend höher
Silene vulgaris Taubenkropfleimkraut	30	weiß	5 – 9	Sonne, Halb-schatten	nicht trittfest, eher am Rand, nicht blühend niedrig, blühend höher, sät sich zuverlässig aus

Botanischer Name Deutscher Name	Höhe (in cm)	Blütenfarbe	Blütezeit (Monate)	Standort	Bemerkungen
Stellaria graminea Grassternmiere	50	weiß	4 – 6	Sonne, Halbschatten	mäßig trittfest, nicht blühend niedrig, blühend höher, nicht auf Kalk
Teucrium chamaedrys Edelgamander	30	rotviolett	7 – 8	Sonne, Halbschatten	etwas trittfest, eher am Rand, nicht blühend niedrig, blühend höher, wächst polsterartig
Teucrium montanum Berggamander	20	gelb	6 – 8	Sonne	etwas trittfest, eher am Rand, nicht blühend niedrig, blühend höher, wächst kriechend
Thymus praecox Frühblühender Thymian	10	rotviolett	6 – 8	Sonne	mäßig trittfest, wächst kriechend, auch blühend relativ niedrig
Thymus pulegioides Arzneithymian	30	rosapurpur	7 – 9	Sonne	mäßig trittfest, eher am Rand, nicht blühend niedrig, blühend höher
Thymus serpyllum Sandthymian	10	rosapurpur	6 – 10	Sonne, Halbschatten	mäßig trittfest, wächst kriechend, auch blühend relativ niedrig
Trifolium arvense Hasenklee	40	weißrosa	6 – 9	Sonne	mäßig trittfest, nicht blühend niedrig, blühend höher
Trifolium campestre Feldklee	20	gelb	6 – 9	Sonne	mäßig trittfest, wächst kriechend, auch blühend relativ niedrig
Viola tricolor Wildes Stiefmütterchen	20	violettgelb	4 – 10	Sonne, Halbschatten	mäßig trittfest, auch blühend relativ niedrig

Gräser für Wege

Botanischer Name Deutscher Name	Höhe (in cm)	Standort	Bemerkungen
Agrostis capillaris Rotes Straußgras	30	Sonne, Halbschatten	mäßig trittfest, saure Standorte, feines, sommergrünes Gras
Brachypodium pinnatum Fiederzwenke	60	Sonne, Halbschatten, Schatten	mäßig trittfest, in Beeten sehr konkurrenzstark, dort frühzeitig jäten, sommergrün
Briza media Zittergras	40	Sonne	etwas trittfest, eher am Rand, zart, attraktive Samenstände, sommergrün
Bromus erectus Aufrechte Trespe	50	Sonne	etwas trittfest, sommergrün
Festuca nigrescens Horstrotschwingel	60	Sonne, Halbschatten	mäßig trittfest, zartes, wintergrünes Gras
Festuca ovina agg. Schafschwingel-Gruppe	40	Sonne, Halbschatten	mäßig trittfest, zartes, sommergrünes Gras
Koeleria glauca Blaugraue Kammschmiele	40	Sonne, Halbschatten	mäßig trittfest, zartes, sommergrünes Gras
Koeleria macrantha Zierliche Kammschmiele	40	Sonne, Halbschatten	mäßig trittfest, zartes, sommergrünes Gras
Koeleria pyramidata Pyramiden-Kammschmiele	60	Sonne, Halbschatten	mäßig trittfest, zartes, sommergrünes Gras
Luzula campestris Feldhainsimse	10	Sonne, Halbschatten	mäßig trittfest, sommergrün
Melica ciliata Wimperperlgras	50	Sonne	mäßig trittfest, sommergrün, attraktive Samenstände, eher am Rand
Poa angustifolia Schmalblättrige Wiesenrispe	50	Sonne, Halbschatten	trittfest, wintergrün
Poa compressa Platthalm-Rispengras	40	Sonne	mäßig trittfest, sommergrün

Zum Weiterlesen

Ulrike Aufderheide: **Kleiner Garten naturnah.** pala-verlag

Ulrike Aufderheide: **Rasen und Wiesen im naturnahen Garten.** pala-verlag

Werner David: **Lebensraum Totholz.** pala-verlag

Maria Fremlin: **Stag beetles – All they need is love and wood** (Internetseite: maria.fremlin.de/stagbeetles)

Paula Polak: **Regenwasser im Garten nachhaltig nutzen.** pala-verlag

Peter Himmelhuber: **Gestalten mit Stein im Garten.** ökobuch Verlag

Reinhard Witt und Fritz Hilgenstock: **Das Naturgartenbaubuch,** Band 1. Naturgarten Verlag

Für Profis:

Bjorn-Holger Lay, Alfred Niesel, Martin Thieme-Hack: **Bauen mit Grün.** Die Bau- und Vegetationstechnik des Garten- und Landschaftsbaus. Verlag Eugen Ulmer

Forschungsgesellschaft Landschaftsentwicklung Landschaftsbau e.V.: **ZTV-Wegebau.** (Broschüre zu beziehen über den Buchhandel oder die Forschungsgesellschaft, www.fll.de)

Forschungsgesellschaft Landschaftsentwicklung Landschaftsbau e.V.: **Fachbericht zu Planung, Bau und Instandhaltung von Wassergebundenen Wegen.** (Broschüre zu beziehen über den Buchhandel oder die Forschungsgesellschaft, www.fll.de)

Weitere Informationen über Naturgärten

Verband deutscher Wildsamen- und Wildpflanzenproduzenten e.V.
Perchstetten 1
35428 Langgöns
www.natur-im-vww.de

Naturgarten e.V.
Reuterstraße 157
53113 Bonn
www.naturgarten.org

Rewisa-Netzwerk Österreich
Tulpengasse 8a
4400 Steyr
www.rewisa.at

Bioterra Schweiz
Scheideggstrasse 73
8038 Zürich
www.bioterra.ch

Stiftung Springzaad
www.springzaad.nl

Bezugsquellen

Saatgut einheimischer Wildpflanzen und Kleintopfstauden

Kräuter- und Wildpflanzengärtnerei Strickler
Lochgasse 1
55232 Alzey-Heimersheim
www.gaertnerei-strickler.de

Appels Wilde Samen
Brandschneise 2
64295 Darmstadt
www.appelswilde.de

Rieger-Hofmann
In den Wildblumen 7-13
74572 Blaufelden-Raboldshausen
www.rieger-hofmann.de

Hof Berg-Garten
Lindenweg 17
79737 Herrischried
www.hof-berggarten.de

Voitsauer Wildblumensamen
Voitsau 8
3623 Kottes-Purk / Österreich
www.wildblumensaatgut.at

UFA-Samen
Postfach 344
8401 Winterthur / Schweiz
www.ufasamen.ch

Werkzeuge

Manufactum
Hiberniastraße 5
45731 Waltrop
www.manufactum.de

Georg Schmieder GmbH & Co KG
Wachhausstraße 28
76227 Karlsruhe-Durlach
www.schmieder-online.de

Besondere Wegebaumaterialien

Wassergebundene Wegedecken

HanseGrand Klimabaustoffe
Haaßeler Kamp 3
27446 Selsingen
www.hansegrand.eu

Tegra GmbH
Werningshof 4
33719 Bielefeld
www.tegra.de

Holzpflaster

Holzindustrie Nahmitz
Ausbau 3
14797 Kloster Lehnin/Nahmitz
www.markpine.de

Woodline
15a rue de la Forêt
68990 Heimsbrunn
Frankreich
www.woodline.de

Natursteine lokaler und fairer Herkunft

Fairstone e. V.
Schuhstraße 4
73230 Kirchheim unter Teck
www.fairstone.org

Xertifix e. V.
Arndtstraße 20
30167 Hannover
www.xertifix.de

Deutscher Natursteinverband
Sanderstraße 4
97070 Würzburg
www.natursteinverband.de

Vereinigung Österreichischer Natursteinwerke
Salzachtalstraße 24
5400 Hallein
www.pronaturstein.at

Natursteinverband Schweiz
Seilerstrasse 22
3001 Bern
www.nvs.ch

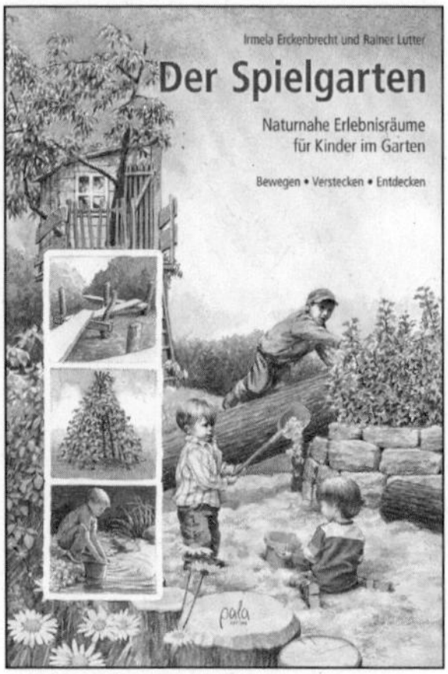

Irmela Erckenbrecht
und Rainer Lutter:
Der Spielgarten
ISBN: 978-3-89566-313-0

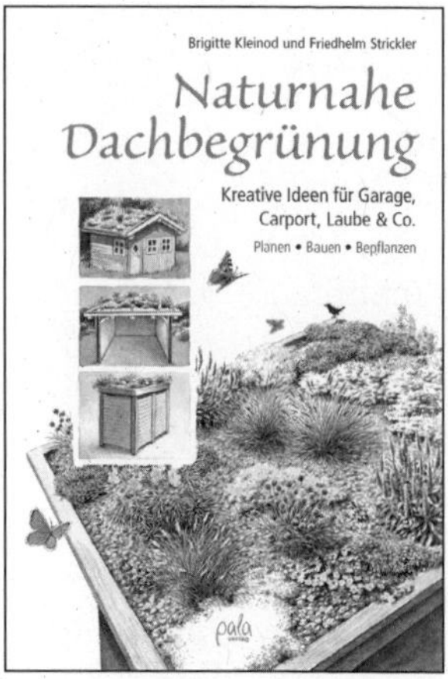

Brigitte Kleinod und
Friedhelm Strickler:
Naturnahe Dachbegrünung
ISBN: 978-3-89566-303-1

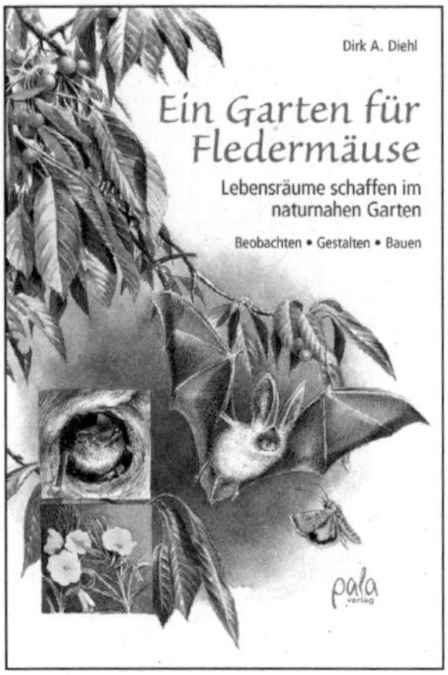

Dirk A. Diehl:
Ein Garten für Fledermäuse
ISBN: 978-3-89566-311-6

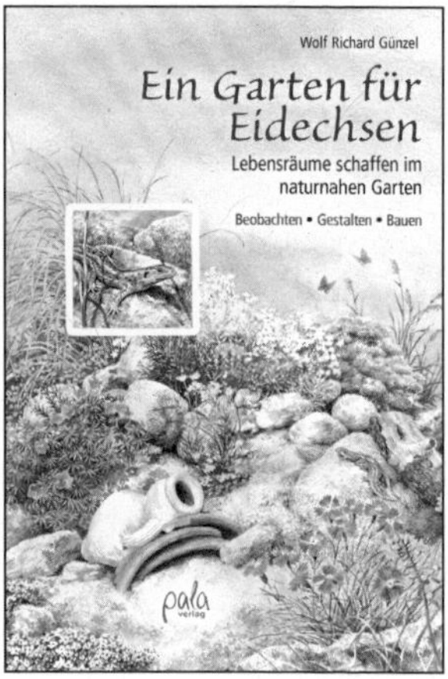

Wolf Richard Günzel:
Ein Garten für Eidechsen
ISBN: 978-3-89566-334-5

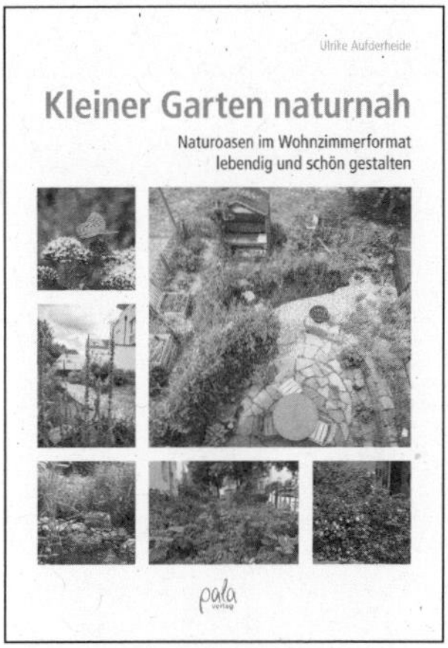

Ulrike Aufderheide:
Kleiner Garten naturnah
ISBN: 978-3-89566-412-0

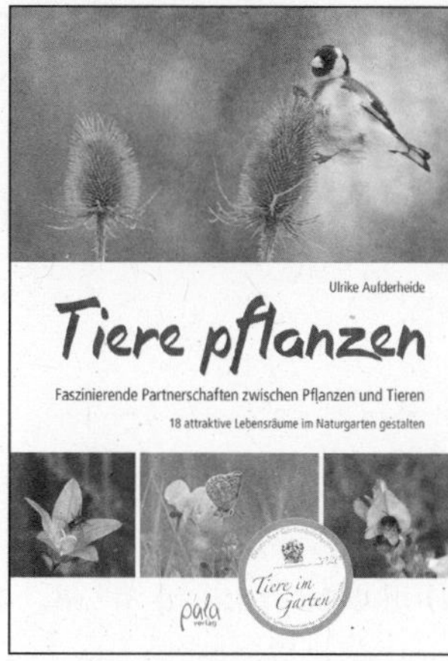

Ulrike Aufderheide:
Tiere pflanzen
ISBN: 978-3-89566-388-8

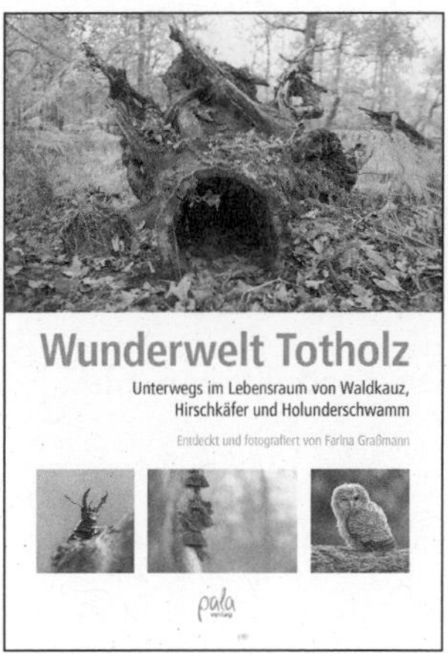

Farina Graßmann:
Wunderwelt Totholz
ISBN: 978-3-89566-401-4

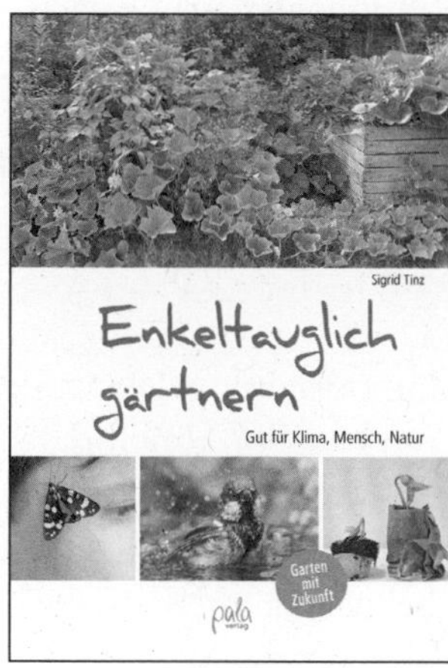

Sigrid Tinz:
Enkeltauglich gärtnern
ISBN: 978-3-89566-399-4

ISBN: 978-3-89566-340-6

Am Molkenbrunnen 4, 64287 Darmstadt
www.pala-verlag.de
2. aktualisierte Auflage 2021

Umschlag- und Innenillustrationen: Margret Schneevoigt
(Illustration auf Seite 27 nach einem von Christof Wegner
gebauten Weg)
Gartenpläne (Seiten 31, 34, 38, 40, 68, 78, 133, 136, 138, 139, 141, 143, 144, 146, 149, 151, 153, 155): Ulrike Aufderheide

Lektorat: Barbara Reis

Satz und Gestaltung: Die Werkstatt Medien-Produktion GmbH
www.werkstatt-produktion.de

Druck und Bindung: Beltz Grafische Betriebe GmbH, Bad Langensalza
www.beltz-grafische-betriebe.de
Printed in Germany

Gedruckt auf
100% Recyclingpapier